Prof. Dr. Li Yongkang

Die Traditionelle Chinesische Gesundheitsküche

Inhalt

Grundlagen   **6**

Die Traditionelle
Chinesische Medizin   8
    Das Yin-Yang-Prinzip   8
    Die fünf Wandlungsphasen   9
    Die Organe als Funktions-
       kreise   11
    Das System der Meridiane   11
    Die Lebenssubstanzen Qi und
       Xue   12

Was Krankheit eigentlich
bedeutet   13
    Was zu einer Diagnose gehört   13
    Die Patiententypen   14

Der Stellenwert
der Ernährung   16
    Gegensätze in harmonischem
       Einklang   16
    Warme Nahrungsmittel
       haben den Vorzug   17
    Nahrungsmittel und ihre
       Temperatur   17
    Die Nahrungsmittel nach den
       fünf Elementen   18
    Auf einen Blick – die Ein-
       teilung der Nahrungsmittel   19

Wie Sie chinesisch kochen
und essen   22
    Der chinesische Wok   22
    Der chinesische Dämpftopf   22
    Das Nationalgetränk der
       Chinesen: Tee   23
    Was zu einer gesunden
       Ernährung gehört   24

Was Sie zu den Rezepten
wissen sollten   25

Was Sie bei der Immunkur
beachten sollten   26
    Reis richtig zubereitet   26
    Wie die einzelnen Tage
       aufgebaut sind   27

**Die Immunkur für
eine Woche**   **28**

    Gedämpftes Hähnchen
       mit Frühlingszwiebeln   30
    Melonensuppe   31
    Fisch mit Paprika   32

    Meeressuppe   33
    Rührei mit Pilzen   34
    Scharfe Geflügelleber-
       suppe   35
    Hähnchen mit Sauce
       nach Chengdu-Art   36
    Scharf-saure Suppe   37
    Geräuchertes Huhn nach
       Sichuan-Art   38
    Eierblumensuppe   39
    Gedämpfte Schweinerippchen
       mit schwarzer
       Bohnensauce   40

Zuckermaissuppe	40
Rindfleisch mit süß-saurer Sauce	42
Marmorierte Pu-Erh-Tee-Eier	42

Fisch und Meeresfrüchte 44

Gebratene Krabben mit grünen Bohnenkernen	46
Tintenfisch mit Lauch	47
Tintenfisch mit Seetang	48
Gedämpfter Fisch nach Kanton-Art	49
Makrele in süß-saurer Sauce	50
Gebratener Fisch mit Erdnüssen	52
Fisch mit Pilzen und Bambussprossen	53

Leckere Fleischgerichte 54

Backhuhntopf	56
Huhn mit Cashewkernen nach Sichuan-Art	57
Hühnerfleisch mit Ingwer	58

Huhn mit Wasserkastanien	60
Gebratene Schweinefleisch-würfel mit Erdnüssen	61
Schweinefleisch mit Paprika und Bohnen	62
Geschmorte Schweine-fleischklöße	62
Schweinefleisch süß-sauer	64
Rindfleisch mit Ingwer und Paprika nach Sichuan-Art	66
Rindfleisch mit Zwiebeln	67

Delikates Gemüse 68

Bambussprossen mit Spinat und Pilzen	70
Grüne Bohnen mit Pilzen	71
Gebratene Bohnensprossen	72
Gemischtes Gemüse	72
Gebratener Spitzkohl	74
Tofu mit Gemüse	75
Gebratenes Gemüse auf chinesische Art	76
Zuckererbsen mit schwarzer Bohnenpaste	77
Pikanter Kohl	78
Gebratene Gurken mit getrockneten Krabben	79

INHALT

Für den Suppenfreund   80

Hühnerbrustbrühe   82
Rindfleischbrühe   83
Gurkensuppe mit
   Hühnerfleisch   84
Pilzsuppe   85
Gemüsesuppe mit
   Lilienknospen   86
Silbermorchelbrühe   87
Bambussprossensuppe   88

Suppe mit Schweinefleisch-
   würfeln und Sojabohnen   89
Rettichsuppe mit Garnelen   90
Fischfilet und Salat
   in Brühe   91
Fischbällchen in Brühe   92

Bezugsquellen   93
Verzeichnis der Rezepte   94
Impressum   96

INHALT

magic line

Grundlagen

Die chinesische Heilkunst sieht Körper, Geist und Seele als Einheit. Diese ganzheitliche Betrachtungsweise ist eine wichtige Voraussetzung für das Verständnis der Traditionellen Chinesischen Medizin (TCM). Ihr zentrales Anliegen ist die Vorbeugung gegen Krankheiten und der Erhalt der Gesundheit. Neben den therapeutischen Maßnahmen, die inzwischen auch in der westlichen Welt Eingang gefunden haben, ist die Ernährungslehre ein wesentlicher Bestandteil der TCM. Um den Stellenwert der Nahrungsmittel nachvollziehen zu können, bedarf es allerdings einer kurzen Einführung in die chinesische Heilkunde und das damit verbundene weltanschauliche System.

Die Traditionelle Chinesische Medizin

Die chinesische Heilkunst ist das Produkt der Erfahrungen, die über Jahrtausende gesammelt und angewandt wurden. Dabei wird nicht zwischen Schulmedizin und Naturheilkunde unterschieden. Mensch, Natur und Kosmos bilden eine Einheit, sind untrennbar miteinander verbunden und stehen in andauernden Wechselwirkungen. Die gegensätzlichen Kräfte, die überall in der Natur wirken, müssen im Einklang sein, damit die Lebensenergie ungehindert fließen kann. Basis für die chinesische Heilkunst sind zwei Modelle aus der Naturlehre: das Yin-Yang-Prinzip und die fünf Wandlungsphasen.

Das Yin-Yang-Prinzip

In der chinesischen Philosophie besitzt alles zwei Aspekte: Yin und Yang. Es handelt sich um gegensätzliche Kräfte wie hell und dunkel oder weiblich und männlich. Eines kann ohne das andere nicht existieren, jedes ist die Voraussetzung für das andere. Gleichzeitig ergänzen sich Yin und Yang zu einem harmonischen Ganzen, sie fließen ineinander. Dabei beinhaltet Yin stets auch ein wenig Yang und umgekehrt.

Yin	Yang
Weiblich	Männlich
Dunkel	Hell
Rechts	Links
Kälte	Wärme
Nacht	Tag
Erde	Himmel
Herbst	Frühling
Winter	Sommer
Unten	Oben
Feucht	Trocken

GRUNDLAGEN

Jeder Yin- oder Yang-Aspekt kann wiederum in Yin und Yang unterteilt werden. Von der Makro- bis zur Mikroebene folgt alles diesem Prinzip. Es ist jedoch kein starres System, sondern ein ständiger dynamischer Prozess, in dem die beiden Pole stets in Verbindung stehen und sich gegenseitig kontrollieren.

Ziel ist immer das Gleichgewicht dieser Kräfte. Sind Yin und Yang nicht mehr in Balance, ist also das Kräftegleichgewicht gestört, ist der Organismus krank. Auch der menschliche Körper entspricht dem System von Yin und Yang. Dabei stehen Yin-Organe für Fülle und Energie, die zur Herstellung dienen, umwandeln, speichern und kontrollieren. Yang-Organe sind hingegen Hohlorgane, die für Transport und Verteilung zuständig sind und Energie abgeben.

Yin	Yang
Vordere Körperseite	Hintere Körperseite
Untere Körperhälfte	Obere Körperhälfte
Rechte Körperseite	Linke Körperseite
Innere Körperteile	Äußere Körperteile
Haut/Knochen	Sehnen/Knorpel
Yin-Organe	Yang-Organe

Die fünf Wandlungsphasen

Alles in der Natur ist einem stetigen Wandel unterworfen, der aus chinesischer Sicht in fünf Phasen eingeteilt wird. Jeder Phase entspricht ein Element: Holz, Feuer, Erde, Metall, Wasser. Diese befinden sich in einem immer während Kreislauf, in dem sie sich gegenseitig hervorbringen, überwinden und kontrollieren. Ein Element geht in das andere über, keines kann ohne das andere existieren.

Zum besseren Verständnis: Holz gibt dem Feuer Substanz, denn es verbrennt zu Asche. Daraus entsteht Erde, der Metall entstammt. Metall reichert Wasser an, das schließlich für das Wachstum des Holzes notwendig ist. Somit ist der Kreislauf geschlossen und kann von vorne beginnen. Den einzelnen Wandlungsphasen werden in einem Analogiesystem verschiedene Entsprechungen zugeordnet.

Was den fünf Elementen zugeordnet werden kann

Element	Holz	Feuer	Erde	Metall	Wasser
Jahreszeit	Frühling	Sommer	Spätsommer	Herbst	Winter
Klima	Wind	Hitze	Feuchtigkeit	Trockenheit	Kälte
Sinnesorgan	Auge	Zunge	Mund	Nase	Ohr
Sinn	Sehen	Schmecken	Sprechen	Riechen	Hören
Gewebe	Sehnen	Blutbahnen	Fleisch	Haut	Knochen
Yin-Organ	Leber	Herz	Milz	Lunge	Niere
Yang-Organ	Gallenblase	Dünndarm	Magen	Dickdarm	Blase

Die Elemente bedingen sich gegenseitig und stehen stets in Beziehung zueinander. Jedes Element übt gegenüber dem anderen eine Kontrollfunktion aus, um so ein Gleichgewicht zu schaffen. Die Elemente ergänzen und beeinflussen sich gegenseitig. Jedes Zuviel oder Zuwenig bewirkt Schwankungen und Störungen in diesem komplexen System. Das gilt auch für die Entsprechungen der einzelnen Wandlungsphasen, wie beispielsweise die Organe. Sie unterstützen und kontrollieren sich gegenseitig. So wie jedes Lebewesen unterliegt auch der Mensch mit seinen intuitiven Verhaltensweisen diesen kosmologischen Gesetzmäßigkeiten.

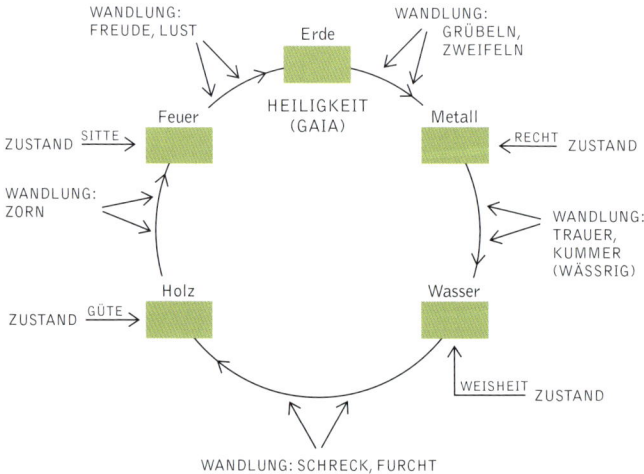

GRUNDLAGEN

Die Organe als Funktionskreise

In der westlichen Medizin sind die Organe genau definiert. Aus chinesischer Sicht symbolisieren sie hingegen komplexe Funktionskreise, die miteinander in Verbindung stehen. Aus diesem Grund existiert ein Organ ausschließlich in der chinesischen Medizin – der Dreifache Erwärmer. Es gibt Zang-Organe, die die Lebensenergie und das Blut bewahren, und Fu-Organe, die aufgenommene Nahrung verarbeiten und weitergeben. Jedem Zang- ist ein Fu-Organ zugeordnet, sie funktionieren als Einheit. Der Dreifache Erwärmer koordiniert die Aktivitäten der übrigen Funktionskreise.

Zang-Organe	Fu-Organe
Lunge	Dickdarm
Herz	Dünndarm
Milz	Magen
Leber	Gallenblase
Nieren	Blase
	Dreifacher Erwärmer

Das System der Meridiane

In der chinesischen Vorstellung durchzieht den gesamten menschlichen Körper ein unsichtbares Netz von Meridianen. Diese Leitbahnen oder Kanäle verbinden die verschiedenen Organe miteinander und versorgen sie mit Energie. Durch unterschiedliche Einflüsse können in den Bahnen Störungen auftreten, die den Energiefluss hemmen oder blockieren. Dies geschieht beispielsweise durch eine Verletzung oder auch durch emotionale Belastungen. Auf die Meridiane kann mit bestimmten Methoden Einfluss ausgeübt werden, indem die so genannten Akupunkturpunkte behandelt werden. Dazu gehören Akupressur, Akupunktur, Wärmebehandlungen, Heilgymnastik und Atemübungen. Innerliche Einwirkung erfolgt durch Arzneien und die Ernährung. Über die Meridiane werden Qi und Xue transportiert. Allerdings ist das Meridian-System weder mit den bekannten Blutbahnen noch mit dem Nervensystem identisch.

Die Lebenssubstanzen Qi und Xue

Das Qi erfüllt alles, durchdringt alles und ist immer und überall existent. In den westlichen Sprachen gibt es dafür keine korrekte Übersetzung. Kein Wunder, denn dort kennt man es nicht. Inzwischen ist das Qi aber auch hier ein Begriff. Gemeinhin wird es Lebensenergie genannt oder als Urquelle allen Lebens bezeichnet. Das Qi muss ungehindert durch den Körper fließen können. Wird dieser Fluss gehemmt oder blockiert, entsteht eine Krankheit. Dem Qi werden verschiedene Aufgaben nachgesagt.

- Qi bewegt
- Qi wandelt um
- Qi schützt
- Qi wärmt
- Qi hält zusammen

Im Prinzip ist das Qi eine Kraft, die Materie bewegt und alle Körperfunktionen unterhält. Es ist der Ursprung aller Bewegung und aller Prozesse, die im Körper ablaufen. Gleichzeitig kommt ihm eine wichtige Schutzfunktion gegen äußere Einflüsse zu. Qi ist weder Energie noch Materie, besitzt keine Form und ist unsichtbar. In China besteht dafür verständlicherweise kein Erklärungsbedarf. Das Qi ist existent, wenngleich nur intuitiv und durch seine Wirkung fassbar. Es strömt durch den gesamten Körper über das ebenso unsichtbare Netz der Meridiane. Nur wenn sein Qi ungehindert fließen kann, ist ein Mensch gesund. Eine Krankheit entsteht, sobald der Fluss in irgendeiner Weise behindert oder blockiert wird. Da das Qi eine Yang-Substanz ist, wird ein Mangel an Qi als Yin-Zustand bezeichnet. Er zeichnet sich durch eine verminderte Aktivität und durch Schwäche aus. Die Folge ist eine erhöhte Anfälligkeit für Krankheiten.
Xue bedeutet Blut und entspricht weitgehend den westlichen Vorstellungen eines Blutkreislaufes. Der Unterschied ist, dass das Blut nicht auf die Blutbahnen beschränkt ist, sondern teilweise über die Meridiane fließt und in engem Zusammenhang mit dem Qi steht. Wichtig ist seine Wirkung, nicht wie und wohin die Bahnen exakt verlaufen. Xue ist als Flüssigkeit eine Yin-Substanz und entsteht durch die Verarbeitung und Umwandlung von Nahrung.

Was Krankheit eigentlich bedeutet

In der westlichen Vorstellung wird der menschliche Körper genau definiert. Anatomie und Physiologie vermitteln ein exaktes Bild aller Organe und chemischer wie biologischer Prozesse. Die chinesische Betrachtungsweise begreift den Menschen im Einklang mit Natur und Kosmos. Daher werden sämtliche Faktoren, die den Menschen beeinflussen können, bei einer Diagnose berücksichtigt. Äußere Faktoren sind klimatische Verhältnisse, innere sind Emotionen. Dazu gehört außerdem die jeweilige Lebensweise. All diese Aspekte spielen in der Diagnostik eine Rolle. Die Krankheit wird nicht isoliert betrachtet, sondern als ein notwendiger Prozess, der verstanden werden muss. Eine Erkrankung stellt immer eine Disharmonie, ein Ungleichgewicht dar, das es zu erkennen gilt.

Was zu einer Diagnose gehört

Ein chinesischer Arzt befasst sich intensiv mit seinem Patienten, um eine Diagnose zu stellen. Wichtig ist hierbei auch der Krankheitsverlauf und seine Veränderungen. Denn eine Krankheit kann bei jedem Menschen völlig unterschiedlich verlaufen.
Eine Untersuchung des Patienten sieht bei einem chinesischen Arzt völlig anders aus als in der westlichen Schulmedizin. Dies beruht auf der Lehre der Organe, die untereinander und mit der Körperoberfläche in Verbindung stehen. Jede Störung im Inneren des Körpers zeigt sich an seiner Oberfläche, wie beispielsweise an einem veränderten Puls. Es bedarf allerdings vieler Erfahrung, um eine Diagnose nach den folgenden Richtlinien zu stellen.

- Ausführliche Betrachtung
- Eingehende Befragung
- Tasten
- Riechen
- Hören

GRUNDLAGEN

Bei der Betrachtung des Patienten spielen nicht nur Körperbau oder Hautfarbe eine Rolle, sondern ebenso das Erscheinungsbild der Zunge. Die Befragung dient dazu, möglichst viel über den Zustand des Patienten und den Krankheitsverlauf zu erfahren. Dazu gehört natürlich auch der emotionale Bereich.

Das Abtasten verschiedener Körperregionen kann weitere Hinweise auf Störungen geben. Entscheidend ist außerdem die Pulsdiagnose, die einem erfahrenen Arzt Aufschluss über eine Krankheit geben kann. In China gehört diese Technik zu den wichtigsten Instrumenten der Diagnose. Ein weiterer Aspekt ist der Geruch verschiedener Körperausdünstungen, wie Atem, Schweiß oder Exkremente.

Zuletzt ist zudem das Gehör des Arztes gefragt, um aus der Stimme und der Atmung des Patienten etwas über dessen Zustand zu erfahren. Eine Diagnose auf dieser Basis geschieht in der chinesischen Sichtweise, die den Menschen in seiner Ganzheit begreift.

Die Patiententypen

Jeder Mensch ist grundsätzlich anders. Einer friert beispielsweise mehr, dem anderen ist es schnell zu warm. Entsprechend der jeweiligen Konstitution gibt es fünf verschiedene Gruppen, die den klimatischen Faktoren zugeordnet werden: Wind, Kälte, Hitze, Trockenheit und Feuchtigkeit. Meist zeigt der Patient eine ausgeprägte Abneigung gegen den Klimafaktor, für den er anfällig ist.

In dieses System lassen sich nicht nur typische Symptome und Beschwerden, sondern auch emotionale Tendenzen einbinden. Jedem Funktionskreis wird ein elementares Gefühl zugeordnet. Emotionen können alles im Organismus beeinträchtigen und sind ein wesentlicher Faktor in der chinesischen Medizin, der entsprechende Beachtung findet.

Selbstverständlich bietet die folgende Tabelle nur Anhaltspunkte, die einen Überblick geben. Denn jeder einzelne Faktor kann mit anderen in Wechselwirkung treten und so eine Veränderung bewirken. Die eine oder andere Entsprechung werden Sie aber sicher bei sich selbst erkennen. Eine genaue, individuelle Diagnose, besonders wenn Sie bereits an Beschwerden leiden, kann nur ein erfahrener Arzt oder Therapeut leisten.

Die klimatischen Faktoren

Wind	Kälte	Hitze	Trockenheit	Feuchtigkeit
Kräftiger Körper	Hagerer Körper	Normaler Körperbau	Schlanker Körper	Neigung zu Übergewicht
Wind- und wetterempfindlich	Frieren, Frösteln	Abneigung gegen Hitze	Neigung zum Austrocknen	Feuchtigkeitsempfindlich
Gelenkbeschwerden	Kalte Hände und Füße	Erhöhte Temperatur	Trockene Haut und Haare	Müdigkeit, Steifheit, Gelenkschmerzen
Benommenheit	Steifheit, Kraftlosigkeit, Müdigkeit	Viel Durst, rötliche Hautfarbe	Neigung zur Faltenbildung	Kein Durst, blasse, fahle Haut
Hoher Blutdruck	Niedriger Blutdruck	Hoher Blutdruck	Kreislaufstörungen	Niedriger Blutdruck
Koliken	Magenkrämpfe	Hautausschläge, Entzündungen	Asthma	Wasseransammlungen
Kopfschmerzen, Migräne	Kopfschmerzen	Kopfschmerzen	Magenprobleme	Depressive Verstimmung
Niesen, Husten	Blasen- und Nierenentzündung	Herz-Kreislauf-Erkrankungen	Verdauungsstörungen	Verdauungsstörungen
Schweißausbrüche, Fieber	Lungenkrankheiten	Sonnenbrand, Fieber	Hitzewallungen	Appetitlosigkeit
Ohrensausen, Schwindel, Zittern	Erkältungskrankheiten	Schlafstörungen	Schlafstörungen	Konzentrationsschwäche
Selbstbewusst, bestimmt, entschlossen	Wenig selbstbewusst, folgsam	Optimistisch, dynamisch, erfolgsorientiert	Egozentrisch, unruhig, spröde	Antriebslos, müde, niedergeschlagen
Zorn, Wut	Angst	Freude	Trauer	Sorge
Reizbar, jähzornig	Ruhig, eher kontaktscheu	Kontaktfreudig	Kontaktarm, verschlossen	Wortkarg, schlecht gelaunt

GRUNDLAGEN

Der Stellenwert der Ernährung

Ein gutes Essen, so sagt die chinesische Philosophie, gleicht Yin und Yang aus, erfreut die Seele und führt dem Körper die benötigte Energie und die Lebensbausteine zu. Europäer, die dauerhaft etwas für ihre Gesundheit tun wollen, müssen in aller Regel ihre Ernährung umstellen. Eine ausgewogene Zusammenstellung der Nahrungsmittel sorgt für einen ausgeglichenen Energiefluss und für den Erhalt der Gesundheit. Eine gesunde Ernährung kann Krankheiten vorbeugen, die aus der ganzheitlichen chinesischen Sicht durch Störungen des harmonischen energetischen Gleichgewichts entstehen.

Natürlich wird die Diätetik gezielt zur Behandlung von Beschwerden eingesetzt, doch ist das oberste Gebot der TCM die Gesundheitspflege und die Vorbeugung. Daher ist es für die Chinesen selbstverständlich, sich im täglichen Leben gesund zu ernähren. Die chinesische Küche ist überaus schmackhaft, dabei aber leicht, bekömmlich und gesund. Eine chinesische Mahlzeit sättigt angenehm, ohne das Kalorienkonto zu überziehen, und stärkt das Immunsystem.

Gegensätze in harmonischem Einklang

Bei der Zusammenstellung und Zubereitung von Speisen sind drei grundsätzliche Aspekte von Bedeutung: Farbe, Aroma und Geschmack. Dabei werden Gegensätze nebeneinander gestellt wie beispielsweise hell und dunkel, kalt und heiß oder Fleisch und Fisch, die aufeinander folgen. Bei jedem Gericht wird Ausgeglichenheit und Harmonie angestrebt. Die Speisen stehen natürlich in Zusammenhang mit den Grundsätzen der chinesischen Philosophie und ihren Klassifizierungen. Eine wichtige Voraussetzung sollten Sie keinesfalls außer Acht lassen: Das Essen soll Ihnen schmecken und bekommen. Hören Sie auf Ihre innere Stimme und Ihre Sinne, dann werden Sie sich ganz intuitiv dafür entscheiden, was Ihnen gut tut.

Bei einer ausgeglichenen Ernährung sollen alle Komponenten berücksichtigt, aber nichts im Übermaß genossen werden.

Warme Nahrungsmittel haben den Vorzug

Ein besonders wichtiger Aspekt in der chinesischen Küche: Fast alle
Nahrungsmittel werden erhitzt, denn auf diese Weise sind sie besser
verdaulich. In dieser Vorstellung ist eine dauerhafte Ernährung mit
Rohkost nicht gesund, denn sie kühlt den Organismus von innen he-
raus. Durch den Prozess der Verdauung wird der Körper hierbei besonders belastet und ihm Wärme entzogen. Besser ist es, die Nahrungsmittel zu kochen, auch wenn Sie das Gericht anschließend kalt
essen sollten. Das Gleiche gilt für kalte oder eiskalte Getränke – und
nicht nur in China. In vielen heißen Ländern trinken die Menschen
aus gutem Grund bei großer Hitze lieber heiße Getränke. Allerdings
können Sie dann, wenn Sie sich an der thermischen Wirkung orien-
tieren, ein erfrischendes oder kühles Getränk wählen, wie beispielsweise Kräutertee.

Nahrungsmittel und ihre Temperatur

Aus chinesischer Sicht haben alle Nahrungsmittel einen bestimmten
Energiecharakter. Daher sind sie immer auch Heilmittel. In der westlichen Auffassung wird sehr streng zwischen »normalen« Nahrungsmitteln und Arznei unterschieden. Allerdings hat sich diese Ansicht
bereits geändert, denn die richtige Ernährung als Voraussetzung für
die Gesundheit gilt auch hier. In China ist die Ausgewogenheit beim
Essen oberstes Gebot. Dazu gehört das jeweilige Temperaturverhalten eines Nahrungsmittels, um die Wirkung bestimmen zu können.
Fünf Kategorien werden unterschieden:

- Kalt
- Kühl
- Neutral
- Warm
- Heiß

Alle Nahrungsmittel können diesen Bereichen zugeordnet werden.
Für kalte und heiße Nahrungsmittel gilt im Normalfall nicht im
Übermaß, während die anderen Kategorien immer auf dem Speise-

GRUNDLAGEN

plan stehen sollten. Neutrale Nahrungsmittel bauen das Qi auf und wirken ausgleichend auf Yin und Yang. Warme Nahrungsmittel liefern Energie und Wärme und stärken das Yang. Viele Meeresfische gehören in diesen Bereich. Zu den heißen Nahrungsmitteln zählen unter anderem scharfe Gewürze und gegrilltes Fleisch, die im Übermaß zu einer Yang-Fülle führen können.

Gezielt werden Nahrungsmittel in der chinesischen Medizin eingesetzt, um Disharmonien auszugleichen. Je nachdem welcher Faktor für die Krankheit verantwortlich ist, wie beispielsweise Kälte, kommen entsprechende Nahrungsmittel zum Einsatz – in diesem Fall warme oder auch heiße. Dazu ist allerdings eine genaue Diagnose Voraussetzung.

Die richtige Zusammenstellung der Ernährung im täglichen Leben soll hingegen dafür sorgen, dass Krankheiten gar nicht auftreten. Viele Menschen wählen ohnehin das für sie Richtige aus. So werden in der kalten Jahreszeit intuitiv meist warme Nahrungsmittel bevorzugt, besonders von Menschen, die unter der Kälte leiden. Bei sommerlichen Temperaturen werden vermehrt kühle und erfrischende Nahrungsmittel ausgesucht. In der Tabelle auf Seite 20 und 21 finden Sie eine Auswahl an Lebensmitteln, die unter anderem nach ihrer thermischen Wirkung eingeordnet wurden.

Die Nahrungsmittel nach den fünf Elementen

Im Analogiesystem der fünf Wandlungsphasen, das Sie bereits kennen gelernt haben, wird jedem Element eine Geschmacksrichtung zugeschrieben. Optimal im Sinne der Ausgeglichenheit ist eine Mahlzeit dann, wenn alle fünf Geschmacksrichtungen vorkommen. Auch hier gilt der Grundsatz: nicht im Übermaß. Keine Geschmacksrichtung sollte zu sehr bevorzugt, keine gänzlich weggelassen werden. Wenn Sie darüber nachdenken, werden Sie sicher feststellen, dass Sie in bestimmten Situationen automatisch eine Geschmacksrichtung vorziehen. Das hängt von Ihrem jeweiligen körperlichen, geistigen und seelischen Zustand ab. Bei nervlicher Anspannung und emotionaler Belastung greifen viele Menschen beispielsweise zu etwas Süßem. Die Wirkung der jeweiligen Geschmacksrichtung sehen Sie in der folgenden Tabelle.

Wie die Geschmacksrichtungen wirken

Holz	Feuer	Erde	Metall	Wasser
Kindheit	Jugend	Erwachsensein	Reife	Alter
Sauer	Bitter	Süß	Scharf	Salzig
Zieht zusammen	Trocknet	Reguliert	Löst	Erweicht
Kühlt	Dämpft	Unterstützt	Entfaltet	Befeuchtet
Stopft	Gleicht aus	Mildert	Mobilisiert	Führt ab

Neben den Geschmacksrichtungen und dem Temperaturverhalten werden den Wandlungsphasen auch die verschiedenen Lebensabschnitte zugeordnet. Eine gesunde Ernährung entspricht immer der jeweiligen Entwicklungsphase und deren Bedürfnissen. Auch diese Phasen stehen in Wechselwirkung zueinander und können nicht isoliert betrachtet werden.

Auf einen Blick – die Einteilung der Nahrungsmittel

Die Klassifizierungen der Nahrungsmittel nach den fünf Elementen gibt Ihnen Anhaltspunkte über deren Wirkungsweise. So können Sie das für Sie Passende auswählen und sich einen Ernährungsplan zusammenstellen. Nach dem Vorbild der Natur wird jedem Element zudem eine bestimmte Jahreszeit zugeordnet, sodass Sie automatisch die Nahrungsmittel der Jahreszeit entsprechend aussuchen. Auf diese Weise können Sie sich ausgewogen ernähren, führen Ihrem Körper immer ausreichend Energie zu und unterstützen alle Funktionskreise gleichermaßen.
In der folgenden Tabelle finden Sie eine Auswahl an Lebensmitteln, die nach den Elementen eingeteilt sind. Manche Nahrungsmittel können dabei mehreren Elementen zugeordnet werden.

Tipp

Alle Nahrungsmittel aus dem Bereich Erde können Sie jederzeit für Ihre Ernährung verwenden, solange Sie die anderen Aspekte wie beispielsweise das Temperaturverhalten berücksichtigen.

GRUNDLAGEN

Die Nahrungsmittel nach Temperaturverhalten und Elementen

	Holz	Feuer	Erde	
Kalt	Safran	Kürbis	Ananas	Safran
	Mango	Papaya	Gurke	Spargel
	Tomate	Spargel	Kürbis	
		Tomate	Mango	
			Papaya	
Kühl	Birne	Kopfsalat	Apfel	Gerste
	Erdbeere	Sellerie	Aubergine	Kirsche
	Mandarine		Banane	Kopfsalat
	Olive		Birne	Mandarine
			Brunnenkresse	Mangold
			Buchweizen	Mungobohne
			Ente	Olive
			Erdbeere	Sellerie
Neutral	Dinkel	Kohlrabi	Bambussprossen	Hirse
	Himbeere	Roggen	Butter	Honig
	Käse		Ei	Kartoffel
	Traube		Erbse	Kohl
			Feige	Mais
			Gans	Mandel
			Grüne Bohne	Milch
Warm	Lauch	Schalotte	Erdnuss	Kokosnuss
	Pflaume		Erdnussöl	Pfirsich
			Huhn	Pflaume
			Käse	Sojaöl
			Kastanie	
			Kokosmilch	
Heiß		Gegrilltes Fleisch		
		Hammel		
		Lamm		

	Metall		Wasser
			Krebstiere
			Meeresalgen
			Miesmuschel
			Salz
			Sojasauce
esamöl	Brunnenkresse		Auster
ojabohne	Pfefferminze		Tintenfisch
ofu	Spinat		
Veizen	Weizenkleie		
Möhre	Kohlrabi		Barsch
ilze			Forelle
eis			Karpfen
indfleisch			
ote Bete			
chweinefleisch			
	Basilikum	Majoran	Abalone
	Dillsamen	Muskatnuss	Garnele
	Fenchelsamen	Rosmarin	Hering
	Koriander	Sojaöl	Makrele
	Lauch	Zwiebel	Sardelle
	Lorbeerblatt		Sardine
	Cayennepfeffer	Pfeffer	
	Ingwer	Weißer Rettich	
	Knoblauch		

GRUNDLAGEN

Wie Sie chinesisch kochen und essen

Eine ausgewogene Ernährung sieht als Grundlage sehr viel Getreide und frisches Gemüse vor. Fisch und Meeresfrüchte sollten regelmäßig auf dem Speiseplan stehen, während Fleisch in kleineren Mengen empfohlen wird. Salat, frisches Obst und Milchprodukte sollten nur einen kleinen Teil der täglichen Mahlzeiten ausmachen. Die Zubereitung im Wok oder Dämpftopf garantiert eine schonende Methode, bei der speziell die Gemüse nur kurz gegart werden.

Der chinesische Wok

Unverzichtbar in der chinesischen Küche ist der Wok, ähnlich einer breiten, abgerundeten Pfanne. Die runde Form, die für ein offenes Feuer gedacht ist, sorgt für eine gleichmäßige Verteilung der Hitze. Für Elektroherde gibt es inzwischen Geräte mit abgeflachtem Boden. Sollten Sie keinen Wok besitzen, können Sie eine breite Pfanne für die Zubereitung hernehmen. Allerdings hat ein Wok den Vorteil, dass die Hitze am Boden am größten ist und nach außen hin abnimmt. So können Sie Zutaten, die weniger garen sollen oder bereits fertig sind, an den Rand schieben. Gleichzeitig können Sie am Boden für andere Zutaten die größere Hitze nutzen.

Der chinesische Dämpftopf

In China ist zudem der so genannte Dämpftopf aus Bambusgeflecht ein weit verbreitetes und recht preiswertes Küchenutensil. Runde Siebe mit einem erhöhten Rand können fest übereinander gestapelt werden, das oberste Sieb wird mit einem leichten Deckel aus Bambusgeflecht abgedeckt. Dieser Dämpftopf wird auf eine Tasse, einen tiefen Teller oder einen Dreifuß in einen größeren Topf aus Metall gestellt. Der Boden des Topfes wird so hoch mit kochendem Wasser aufgefüllt, dass das Wasser an das untere Sieb heranreicht, das Gargut aber nicht berührt. Das Wasser muss stark kochen, damit der Dampf nach oben steigt. Dabei muss immer wieder kochendes Wasser nachgegossen werden. In der Regel hat ein Dämpftopf drei oder vier Etagen, die man einzeln übereinander stapeln kann.

Das Nationalgetränk der Chinesen: Tee

Durch Beobachtung der Natur haben die Chinesen Erfahrungen gesammelt, welche Pflanzen und daraus gewonnene Teesorten dauerhaft und ohne Nebenwirkungen ihren Körper im körperlichen und seelischen Gleichgewicht halten können. Tee wird nicht nur wegen des wunderbaren Duftes und Geschmacks getrunken, sondern um vor allem das Kräftegleichgewicht Yin und Yang in Harmonie zu halten und damit das Immunsystem zu stärken. So wird in China zum Essen Tee getrunken. Hochwertige chinesische Teesorten haben einen hohen energetischen Wert, aber nur bei einer entsprechenden Qualität. Dafür sind verschiedenste Aspekte von Bedeutung.

- Herkunft
- Behandlung
- Erntezeitpunkt
- Erntemethode
- Verarbeitung

Die Qualität des Tees ist nicht nur für Geruch und Geschmack ausschlaggebend, sondern besonders für seine spezielle Wirkung. Daher sollten Sie sich einen seriösen Händler suchen, der Ihnen den höchsten Qualitätsstandard garantieren kann. Eine Reihe von chinesischen Tees werden in Apotheken, Reformhäusern, Drogerien und im Fachhandel angeboten. In Asia-Shops findet man meist billige, mindere Qualitäten, die in der Regel schadstoffbelastet sind. Apotheken beziehen ihre Tees meist von spezialisierten Importeuren und können auch seltenere Teesorten beschaffen. Auf Seite 93 finden Sie Bezugsquellen, bei denen Sie den Tee direkt bestellen können. Sie haben eine lange Erfahrung mit dem Import von erstklassigen chinesischen Produkten und garantieren höchste Qualität. Zudem können Sie sich über die Art der Zubereitung informieren.

Was Sie für einen guten Tee brauchen

Nicht umsonst muss ein chinesischer Teemeister über verschiedenste Fertigkeiten und Kenntnisse verfügen. Neben dem Wissen über Herkunft und Wirkung der einzelnen Teesorten ist die exakte Dosierung und das richtige Kochen des Wassers von Bedeutung. Besonders wichtig ist die Menge, die Sie verwenden. Halten Sie sich genau an die Angaben auf der Packung. Bei einer Überdosierung kann die erwartete Wirkung ausbleiben oder ins Gegenteil verkehrt werden. Ein paar Hinweise helfen Ihnen sicher weiter.

- Bewahren Sie den Tee nicht mit anderen Lebensmitteln oder gar Gewürzen auf. Am besten wird er gut verschlossen, dunkel und vor allem trocken aufbewahrt.
- Verwenden Sie Teegeschirr aus Porzellan, keinesfalls Metall. Sehr gut eignet sich eine chinesische Teetasse mit Deckel.
- Nehmen Sie sich beim Teekochen Zeit und brühen Sie jede Tasse frisch auf.
- Tee wird immer mit heißem, aber nicht mehr kochendem Wasser aufgegossen.
- Bei manchen Teesorten wird eine Mengeneinheit bis zu viermal aufgebrüht.
- Halten Sie sich strikt an die angegebenen Zeiten, wie lange der Tee ziehen soll.

Was zu einer gesunden Ernährung gehört

- Wichtig ist, dass Sie regelmäßig essen und die Mahlzeiten dabei im Verlauf des Tages kleiner werden. Nehmen Sie sich unbedingt Zeit für das Essen.
- Wann immer möglich, sollten Sie warm essen. Bei den warmen Mahlzeiten sollten Sie kurzen Garzeiten bei der Zubereitung den Vorzug geben.
- Kombinieren Sie die verschiedenen Geschmacksrichtungen zu einem harmonischen Ganzen.
- Nehmen Sie als Ausgangspunkt am besten neutrale Nahrungsmittel, denen Sie warme und erfrischende Zutaten zufügen und untermischen.
- Beim Zubereiten der Gerichte sollten Sie sich nach den Jahreszeiten richten. Wenn es kalt ist, bevorzugen Sie warme Nahrungsmittel. Bei sommerlichen Temperaturen greifen Sie eher zu kühlen und wenig kalten Nahrungsmitteln.

Was Sie zu den Rezepten wissen sollten

Im Normalfall setzt sich eine chinesische Mahlzeit aus mindestens drei verschiedenen Gerichten zusammen. Dazu gibt es gekochten, ungesalzenen Reis.

Die Suppe bildet, im Gegensatz zur europäischen Küche, in der Regel den Abschluss des Menüs. Wenn nicht anders angegeben, sind alle Rezepte für vier Personen berechnet.

- Wundern Sie sich nicht, wenn in den Rezepten Öl, Zucker, Salz oder sogar Alkoholisches wie chinesischer Reiswein vorkommt. Alles ist am richtigen Platz und hat seine Funktion. Der Alkohol des Reisweins verflüchtigt sich übrigens beim Kochen und hat keinerlei schädliche Wirkungen.
- Viele der Zutaten, wie beispielsweise Gewürze, können Sie bereits im Supermarkt oder in Asia-Shops kaufen, die es mittlerweile in vielen größeren Gemeinden gibt.
- Suchen Sie sich Nahrungsmittel nach der Saison aus und verzichten Sie, wenn möglich, auf Tiefkühlprodukte.
- Für alle Zutaten gilt folgende ganz einfach anwendbare Faustregel: Am besten nehmen Sie ausschließlich hochwertige und ganz frische Produkte.
- Alle Gemüse werden gewaschen, geputzt und nach Bedarf geschält, wie Sie es gewöhnlich tun.
- Bereiten Sie alle Zutaten vor und stellen Sie alles griffbereit. Bei der Zubereitung müssen Sie meist rasch arbeiten.
- Die Zubereitungszeiten sind nur ungefähre Angaben, sie sind abhängig vom Material und der Erfahrung des Einzelnen.
- Die Zeit, die zum Einweichen, Marinieren und Auskühlen benötigt wird, ist nicht einberechnet.

Tipp

Vom Gebrauch einer Mikrowelle sollten Sie nach Möglichkeit gänzlich absehen, da diese Art des Erhitzens den energetischen Gehalt von Nahrungsmitteln verändern könnte.

GRUNDLAGEN

Was Sie bei der Immun-kur beachten sollten

Während der Kur sollten Sie keinen Tropfen Alkohol trinken, er wird nur beim Kochen verwendet. Gleich nach dem Aufstehen sollte es Ihnen zum Ritual werden, eine große Tasse chinesischen Tee zu sich zu nehmen.

Die Tees, die zum jeweiligen Essen empfohlen werden, sind auf die Immunwirkung gerade dieses Gerichts abgestimmt. Die empfohlene Zahl der zu trinkenden Tassen ist eine Mindestempfehlung. Sollten Sie mehr Flüssigkeit benötigen, scheuen Sie sich nicht, auch mehr Tee zu trinken. Das kann nie schaden. Lediglich beim Pu-Erh-Tee sollten Sie abends nicht mehr als eine Tasse zu sich nehmen, weil er recht anregend wirkt und Menschen mit einem leichten Schlaf beeinflussen könnte.

Wasser als Zusatzgetränk ist nicht nur erlaubt, sondern sogar ausdrücklich empfohlen. Am besten ist ein natriumarmes Wasser, und wenn Sie zu Hause über gutes Leitungswasser verfügen, ist das am allerbesten.

Reis richtig zubereitet

Als Beilage zu den Hauptgerichten am Mittag gibt es immer eine Portion ungesalzenen Reis, am besten chinesischen Klebreis oder Duftreis aus dem Asia-Laden. Eine Portion entspricht einer Tasse mit etwa $1/4$ Liter Inhalt.

Reis auf chinesische Art bereiten Sie ganz einfach zu:

Eine Mengeneinheit gewaschenen Reis (bitte keinen Parboiled Reis, der klebt nicht!) und eine anderthalbfache Mengeneinheit Wasser in einen Topf geben. Nun die Hitze aufdrehen. Sobald der Reis kocht, einen Deckel auf den Topf setzen und die Hitze ausschalten. 20 Minuten ziehen lassen. Der Reis wird nicht gewürzt.

Wenn Sie den Reis auf diese Weise zubereiten, ist er klebrig und nimmt so am besten die Sauce auf. Außerdem ist er nur in diesem Zustand mit Stäbchen zu essen.

Wie die einzelnen Tage aufgebaut sind

Wie bei den Chinesen zum Frühstück üblich, gibt es täglich eine Tasse chinesische Reissuppe. Der Reis wird gegart, wie eben beschrieben, und nicht gewürzt. Auf 1 Tasse Hühnerbrühe geben Sie 3 EL gekochten Reis. Verfeinern Sie die Suppe mit gehacktem Schnittlauch oder Frühlingszwiebeln. Eine leckere Alternative ist sauer oder scharf eingelegtes Gemüse.

Grundrezept Hühnerbrühe

1 Portion enthält:
72 Kilokalorien
6 g Fett
3 g Eiweiß
2 g Kohlenhydrate
0 g Ballaststoffe

2 l Wasser, Salz, 1 Suppenhuhn, 2 Bund Suppengrün, 5 klein geschnittene Knoblauchzehen, 1 TL gehackter Ingwer

Zubereitungszeit: etwa 120 Minuten

- Wasser mit einer Prise Salz zum Kochen bringen.
- Huhn, Suppengrün, Knoblauch und Ingwer zugeben. Je nach Qualität des Huhns mindestens $1\frac{1}{2}$ Stunden leise köcheln lassen.
- Brühe abseihen und erkalten lassen. Fett von der Oberfläche abschöpfen.

Tipp

Entfettete Hühnerbrühe sollten Sie auf Vorrat kochen. Das gilt nicht nur für die Kur, sondern auch für die übrigen Rezepte, wenn Brühe bei der Zubereitung benötigt wird.

Nachfolgend finden Sie die Kur nach Tagen eingeteilt. Das Mittagessen besteht immer aus einem Hauptgericht, das Abendessen aus einer Suppe. Nur der letzte Tag bildet eine Ausnahme, hier gibt es abends eine chinesische Spezialität: marmorierte Tee-Eier. Sie müssen nicht unbedingt die Reihenfolge der Tage einhalten. Aber Sie sollten sich an die Zusammenstellung aus Mahlzeiten und dem jeweils empfohlenen Tee halten.

GRUNDLAGEN

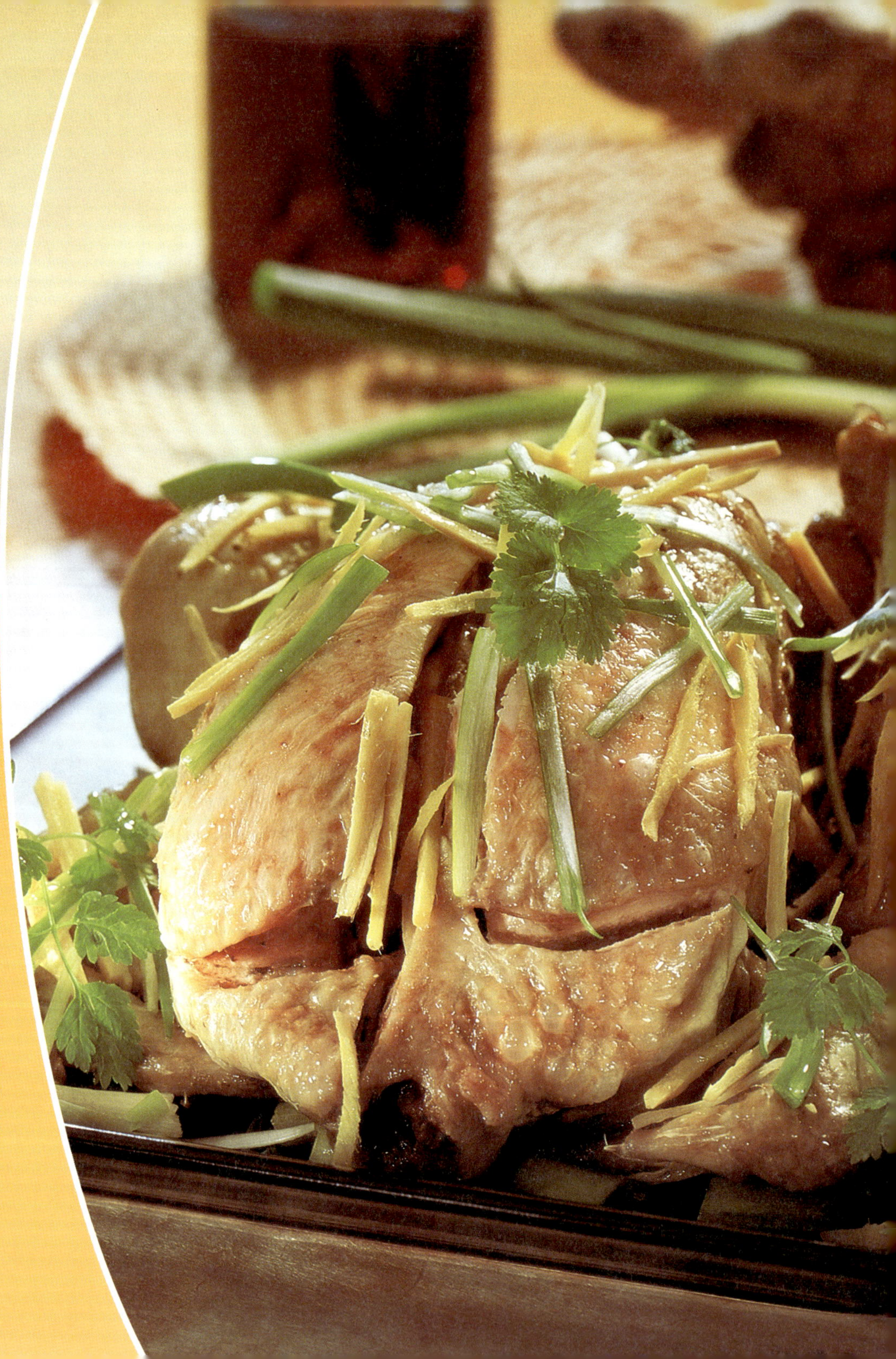

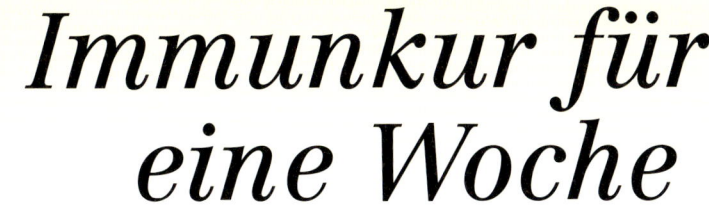

Die Immunkur für eine Woche

Ein ausgewählter Kurplan für eine Woche sorgt dafür, dass Ihr Immunsystem wirkungsvoll gestärkt wird. Sollten Sie außerdem ein paar Pfunde zu viel haben, werden Sie einen positiven Nebeneffekt begrüßen: Am Ende dieser Woche werden Sie mindestens zwei Kilogramm verloren haben. Selbstverständlich können Sie nach der Wochenkur eines der im Folgenden aufgezählten Rezepte In Ihren normalen Speiseplan einbauen.

Rezept auf Seite 30

Erster Tag

Zum Frühstück 1 Tasse Reissuppe, dazu $1/4$ l Pu-Erh-Tee.

Gedämpftes Hähnchen mit Frühlingszwiebeln

1 Portion enthält:
- 235 Kilokalorien
- 9 g Fett
- 7 g Eiweiß
- 2 g Kohlenhydrate
- 2 g Ballaststoffe

Zutaten:

1 Hähnchen (etwa 1 kg), 2 Frühlingszwiebeln, 3 Scheiben Ingwer, 1 EL Salz, 1 TL Fünf-Gewürz-Pulver, $1^1/2$ EL Reiswein, $1/2$ Tasse in Streifen geschnittene Frühlingszwiebeln, $1/3$ Tasse in Streifen geschnittener Ingwer, 2 EL Öl

Zubereitungszeit: etwa 60 Minuten, Foto Seite 28

- Frühlingszwiebeln und Ingwer mit der flachen Seite eines Haushaltsbeils oder eines Fleischklopfers flach klopfen und zusammen mit Salz, Fünf-Gewürz-Pulver und Reiswein in einer großen Schüssel verrühren.
- Hähnchen gründlich säubern, abtrocknen und in die Schüssel geben. Mit der Gewürzmischung außen und innen einreiben. Mindestens eine halbe, besser eine Stunde lang einziehen lassen.
- Schüssel mit Hähnchen und Gewürzen in einen chinesischen Dämpftopf stellen und so lange dämpfen, bis das Hähnchen nach etwa 40 Minuten gar ist.
- Hitze abdrehen, 10 Minuten bei geschlossenem Deckel warten, dann herausnehmen. Hähnchen mit der Geflügelschere in mundgerechte Stückchen schneiden und auf einer großen Platte in Form eines Hähnchens anordnen.
- Frühlingszwiebel- und Ingwerstreifen über das Hähnchen streuen. Öl in der Pfanne erhitzen und darüber gießen.

Dazu $1/4$ l Pu-Erh-Tee.

Melonensuppe

1 Portion enthält:
140 Kilokalorien
5 g Fett
5 g Eiweiß
20 g Kohlenhydrate
1 g Ballaststoffe

Zutaten:

6 getrocknete chinesische Pilze
(z. B. Baumohren), 500 g Wassermelone,
$^{3}/_{4}$ l Hühnerbrühe, 1 EL Maisstärke,
2 EL Wasser, 1 dünne Scheibe gekochter,
magerer Schinken

Zubereitungszeit: etwa 20 Minuten

■ Pilze einweichen, Wasser abgießen, Stiele entfernen und die Kappen vierteln.

■ Melone schälen, Kerne entfernen und faseriges Gewebe herausschaben. Fruchtfleisch in Scheiben und dann in mundgerechte Stücke schneiden.

■ Hühnerbrühe, Melonenstücke und Pilze in einem Topf aufkochen und bei halb geöffnetem Deckel 15 Minuten köcheln lassen.

■ Anschließend Maisstärke mit Wasser glatt rühren und in die kochende Brühe geben, um sie zu binden.

■ Schinken in feine Streifen schneiden und vor dem Servieren in die Suppe geben.

Dazu $^{1}/_{4}$ l Pu-Erh-Tee.

Immuneffekt

Ingwer, Zwiebeln und Huhn kombiniert mit Pu-Erh-Tee stärken den Lebermeridian, das heißt, Bakterien werden bekämpft, der Körper entgiftet und entschlackt.

Tipp

Baumohren sind hervorragend für viele Gerichte geeignet. Denn sie selbst haben nur wenig Aroma, nehmen aber den Geschmack der mitgekochten Zutaten an.

Zweiter Tag

Zum Frühstück 1 Tasse Reissuppe, dazu $^1/_4$ l Drei-Blüten-Tee.

Fisch mit Paprika

1 Portion enthält:
296 Kilokalorien
18 g Fett
29 g Eiweiß
5 g Kohlenhydrate
2 g Ballaststoffe

Zutaten:
500 g Meeresfisch (z. B. Rotbarsch),
1 TL fein gehackter Ingwer, 1 EL Reiswein,
1 große rote Paprikaschote, $^1/_2$ Tasse Strohpilze oder Champignons, 1 zerkleinerte
Knoblauchzehe, 1 EL fein gehackte Schalotten, 4 EL Sojaöl, je 1 Prise Salz, Zucker
und Pfeffer, 1 EL Wasser, 1 TL Stärke

Für die Sauce:
5 EL fettarme Brühe, 1 EL Tomatenmark,
1 EL dunkle Sojasauce, 1 EL Essig

Zubereitungszeit: etwa 25 Minuten

■ Fisch säubern. Ingwer und Reiswein mischen und den Fisch damit
innen und außen einreiben. 15 Minuten stehen lassen.
■ Paprika und Pilze in Streifen schneiden. Saucenzutaten mischen.
■ 2 EL Öl im Wok erhitzen. Knoblauchzehe hineingeben, bis sie zu duf-
ten beginnt. Dann Schalotten dazugeben und anbraten.
■ Fisch zugeben, von beiden Seiten anbraten und danach bei kleiner
Hitze zugedeckt 15 – 20 Minuten schmoren lassen.
■ Fisch auf einer heißen Platte anrichten, warm stellen.
■ Nochmals 2 EL Öl erhitzen, Paprika und Pilze 1 Minute bei guter
Hitze braten und mit der Sauce löschen. Gewürze zugeben, Stärke
mit Wasser verrühren und Sauce damit binden. Sauce nochmals auf-
kochen und über den Fisch gießen.

Dazu $^1/_4$ l Drei-Blüten-Tee.

Meeressuppe

1 Portion enthält:
80 Kilokalorien
4 g Fett
6 g Eiweiß
7 g Kohlenhydrate
1 g Ballaststoffe

Zutaten:

5 – 6 getrocknete Mu-Err-Pilze,1 Abalonenfilet, 1 EL Sojaöl, 1 EL fein gehackte Frühlingszwiebeln, 1 Scheibe fein gehackter Ingwer, 2 zerdrückte Knoblauchzehen, 1 EL gekochte Erbsen, 1 TL Sojasauce, $\frac{1}{2}$ TL Salz, $\frac{1}{2}$ TL Honig, 1 TL Maisstärke, 1 TL Wasser

Zubereitungszeit: etwa 5 Minuten

- Pilze in kaltem Wasser etwa 1 Stunde einweichen, abgießen und klein schneiden.
- Abalone in feine Streifen schneiden.
- Öl in einem Wok oder einer Pfanne erhitzen. Frühlingszwiebeln, Ingwer, Knoblauch und Pilze hineingeben und alles etwa 1 Minute schmoren lassen.
- Abalone und Erbsen zufügen und unter Umrühren nochmals $\frac{1}{2}$ Minute schmoren lassen.
- Sojasauce, Salz und Honig darunter geben und einrühren. Maisstärke im Wasser auflösen, in die Suppe rühren, bis sie leicht andickt.

Dazu $\frac{1}{4}$ l Drei-Blüten-Tee.

Immuneffekt

Fisch, Ingwer, Honig und Knoblauch wirken in Verbindung mit Drei-Blüten-Tee unter anderem fördernd auf die gesunde Zellfunktion.

Tipp

Wer keine Muscheln mag, kann die Abalone durch 100 g frisches Fischfilet ersetzen.

DIE IMMUNKUR FÜR EINE WOCHE

Dritter Tag

Zum Frühstück 1 Tasse Reissuppe, dazu $^1/_4$ l Bing-Ling-Tee.

Rührei mit Pilzen

1 Portion enthält:
- 169 Kilokalorien
- 13 g Fett
- 13 g Eiweiß
- 2 g Kohlenhydrate
- 4 g Ballaststoffe

Zutaten:
4 – 6 eingeweichte schwarze China-Pilze, $^1/_2$ Tasse eingeweichte Wolkenohren, 3 EL Pilzbrühe, 5 Eier, 1 EL dunkle Sojasauce, etwas Sojaöl, 1 fein gehackte Knoblauchzehe, $^1/_2$ TL fein gehackter Ingwer, $^1/_2$ Tasse frische Bohnensprossen, je 1 Prise Salz und Pfeffer

Zubereitungszeit: etwa 15 Minuten

- Pilze abgießen, klein schneiden, Stempel entfernen.
- Eier verquirlen, Pilzbrühe und Sojasauce untermischen.
- Öl im Wok erhitzen, Knoblauch und Ingwer kurz anbraten. Pilze zufügen und nach 1 Minute Sprossen zugeben. 1 Minute braten.
- Eiermasse zugießen und braten. Mit Salz und Pfeffer würzen.

Dazu $1/4$ l Bing-Ling-Tee.

Scharfe Geflügellebersuppe

1 Portion enthält:
363 Kilokalorien
19 g Fett
7 g Eiweiß
1 g Kohlenhydrate
0 g Ballaststoffe

Zutaten:
500 g Geflügelleber, 2 EL klein gehackter Ingwer, 3 EL klein gehackte Schalotten, 3 verquirlte Eier, Pfeffer, Chilipulver, 1 EL Reiswein, $1 1/2$ l Hühnerbrühe, Korianderkraut

Zubereitungszeit: etwa 30 Minuten

- Leber sehr fein hacken, Gewebefasern entfernen, mit Ingwer und Schalotten vermischen.
- Eier, mit Salz, Pfeffer und großzügig mit Chilipulver würzen, mit Reiswein und $1/2$ Tasse Brühe unter die Leber mischen.
- Aus dieser Masse Bällchen von 2 cm Durchmesser formen, auf die Siebe eines chinesischen Dämpftopfs setzen. Bei hoher Dampfentwicklung 15–20 Minuten dämpfen.
- Bällchen in eine Suppenterrine geben, restliche Hühnerbrühe erhitzen, darüber gießen. Gehacktes Korianderkraut darüber streuen.

Dazu $1/4$ Liter Bing-Ling-Tee.

Immuneffekt

Ingwer, Knoblauch, Pilze und Huhn in Verbindung mit Bing-Ling-Tee sind reich an Aminosäuren und Spurenelementen, wirken auf den Lungenmeridian ein, entgiften, regen die Verdauung an und sind wirksame Mittel zur Krebsvorsorge.

DIE IMMUNKUR FÜR EINE WOCHE

Vierter Tag

Zum Frühstück 1 Tasse Reissuppe, $^1/_4$ l Tienchi-Danshen-Tee.

Hähnchen mit Sauce nach Chengdu-Art

1 Portion enthält:
336 Kilokalorien
26 g Fett
24 g Eiweiß
4 g Kohlenhydrate
1 g Ballaststoffe

Zutaten:
1 Hähnchen (etwa 1 kg), $^1/_8$ l Öl,
1 TL Sichuanpfeffer, 1 EL zerhackter
roter Chili, 2 EL scharfe Bohnensauce,
1 EL Reiswein, $^1/_2$ EL gehackter Ingwer,
$^1/_2$ EL gehackter Knoblauch, 2 TL Salz,
1 TL Zucker, $^1/_2$ EL schwarzer Reisessig,
$^1/_4$ l heißes Wasser, 2 TL Reis- oder Maisstärke, 2 EL sehr klein gehackter Staudensellerie, 2 EL gehackte Frühlingszwiebeln

Zubereitungszeit: etwa 20 Minuten

- Hähnchen mit Haut und Knochen in mundgerechte Stücke zer-hacken.
- Öl stark erhitzen und die Hähnchenstücke darin rund 2 Minuten bei großer Hitze braten. Sichuanpfeffer, Chili und die scharfe Bohnen-sauce dazugeben und weitere 2 Minuten braten. Anschließend Reis-wein, Ingwer, Knoblauch, Salz, Zucker, Essig und heißes Wasser hin-zufügen. Abgedeckt weitere 15 Minuten langsam köcheln lassen, bis das Fleisch gar ist.
- Reisstärke mit 1 EL Wasser anrühren, dazugeben und alles gut ver-rühren. Den sehr klein gehackten rohen Stangensellerie und die ebenfalls rohen Frühlingszwiebeln dazugeben und servieren.

Dazu $^1/_4$ l Tienchi-Danshen-Tee.

Scharf-saure Suppe

1 Portion enthält:

277 Kilokalorien
18 g Fett
20 g Eiweiß
9 g Kohlenhydrate
1 g Ballaststoffe

Zutaten:

100 g magere Hühnerbrust, 1 EL Mehl, Salz, Pfeffer, Sojaöl, $1\,^1/_2$ l Hühnerbrühe, 3 Strohpilze, 10 g Glasnudeln, $^1/_2$ Tasse Bambussprossen, 1 Stück Lauch (10 cm), 50 g Krabben, 2 EL Sojasauce, 2 EL chinesischer Reisessig, 3 Eier, 1 EL getrocknete, fein gehackte Chilischoten, 2 EL Maisstärke

Zubereitungszeit: etwa 10 Minuten

- Fleisch in hauchdünne, rund 2 cm lange Streifen schneiden, mit Mehl mischen und mit je einer Prise Salz und Pfeffer würzen. Ein wenig Sojaöl in einem Topf erhitzen, das Fleisch darin unter stetigem Rühren scharf durchbraten. Mit Hühnerbrühe ablöschen, zum Kochen bringen.
- Strohpilze und Glasnudeln in kaltem Wasser einweichen.
- Bambussprossen in feine Streifen, Lauch in dünne Scheiben schneiden. Die aufgeweichten Strohpilze in Streifen schneiden.
- Zuerst Gemüse, Pilze, die abgetropften Glasnudeln und Krabben zufügen, danach Sojasauce und Essig einrühren. Die Eier verquirlen, in die Suppe rühren und alles 2 Minuten kochen lassen. Suppe mit Salz, Pfeffer und Chili abschmecken. Zuletzt die Maisstärke mit etwas Wasser verrühren, einrühren und kurz aufkochen lassen, bis die Suppe sämig ist. Sofort vom Feuer nehmen und servieren.

Dazu $^1/_4$ l Tienchi-Danshen-Tee.

Immuneffekt

Chilis (Roter Pfeffer) in Verbindung mit Huhn, Fisch, Sojabohnen und Tienchi-Danshen-Tee verbessern den Fluss des Qi (Lebensenergie), versorgen den Körper mit lebenswichtigen Vitaminen, machen das Blut flüssig und verbessern die Sauerstoffversorgung der Zellen.

Fünfter Tag

Zum Frühstück 1 Tasse Reissuppe, $^1/_4$ l Grüner Tee.

Geräuchertes Huhn nach Sichuan-Art

1 Portion enthält:
- 292 Kilokalorien
- 5 g Fett
- 1 g Eiweiß
- 31 g Kohlenhydrate
- 1 g Ballaststoffe

Zutaten:
2 EL Sichuanpfeffer, 1 $^1/_2$ EL Salz,
1 zartes Hühnchen (etwa 1 kg),
1 Frühlingszwiebel, 3 Scheiben Ingwer,
2 Stück Sternanis (oder $^1/_2$ TL normaler
Anissamen), 1 Zimtstange, $^1/_4$ l Sojasauce,
1 kleines Stück getrocknete unbehandelte
Orangenschale, $^1/_2$ Tasse Zucker, $^1/_2$ Tasse
Mehl, $^1/_2$ Tasse Pu-Erh-Teeblätter, 1 EL Öl

Zubereitungszeit: etwa 40 Minuten

- Pfeffer und Salz anbraten und das gewaschene Hähnchen innen und außen damit einreiben. Die Pfefferkörner entfernen.
- 2 l Wasser mit Frühlingszwiebel, Ingwer, Anis, Zimt und Sojasauce rund 10 Minuten kochen lassen. Hühnchen dazugeben und weitere 10 Minuten garen. Nach 5 Minuten wenden. Hühnchen herausnehmen und abkühlen lassen, um die Haut zu trocknen.
- Orangenschalen, Zucker, Mehl, Pu-Erh-Teeblätter zusammen mit den bereits gekochten Frühlingszwiebeln, Ingwer, Sternanis in einen großen (am besten gusseisernen) Topf geben. Auf einen Dreifuß (aus dem Schnellkochtopf) wird ein mit Öl eingeriebenes Metallsieb gestellt. Hühnchen darauf legen, Deckel schließen. Auf mittlerer Flamme 8 Minuten lang räuchern, wenden und noch einmal 5 Minuten räuchern. Hitze abdrehen und Hühnchen nach etwa 5 Minuten, wenn es eine tiefgelbe Farbe hat, herausnehmen.
- Speiseöl mit Hilfe eines Pinsels auf das Hühnchen streichen, damit die Haut weich wird. In mundgerechte Stücke teilen und servieren.

Dazu $^1/_4$ l Grüner Tee.

Eierblumensuppe

1 Portion enthält:
102 Kilokalorien
7 g Fett
9 g Eiweiß
2 g Kohlenhydrate
1 g Ballaststoffe

Zutaten:

2 Zwiebeln, $^3/_4$ l Hühnerbrühe, 150 g in dünne Streifen geschnittene Bambussprossen, 1 Prise Zucker, 1 EL Sojasauce, 75 g geschälte Krabben, 1 EL Reiswein, 1 Prise Salz, Pfeffer, 1 Ei

Zubereitungszeit: etwa 12 Minuten

■ Zwiebeln in grobe Stücke schneiden, mit der Brühe in einem Topf 10 Minuten kochen lassen. Bambussprossen, Zucker, Sojasauce und Krabben zufügen und alles zum Kochen bringen.

■ Reiswein zugeben und nach Geschmack leicht salzen und pfeffern. Ei aufschlagen und in die heiße Suppe gießen, dabei gut durchrühren. Suppe sofort servieren.

Dazu $^1/_4$ l Grüner Tee.

Immuneffekt

Huhn, Ingwer, Zimt, Anis, Sichuanpfeffer und Soja in Verbindung mit Grünem Tee wirken der Arteriosklerose entgegen, stoppen den Alterungsprozess und stärken die Schleimhäute, sodass Bakterien keine Angriffsfläche finden.

DIE IMMUNKUR FÜR EINE WOCHE

Sechster Tag

Zum Frühstück 1 Tasse Reissuppe, $\frac{1}{4}$ l Ling-Zhi-Tee.

Gedämpfte Schweinerippchen mit schwarzer Bohnensauce

1 Portion enthält:
237 Kilokalorien
9 g Fett
3 g Eiweiß
7 g Kohlenhydrate
1 g Ballaststoffe

Zutaten:
700 g Brustrippchen vom Schwein,
2 EL schwarze Bohnen, 1 fein gehackte
Knoblauchzehe, 2 EL dunkle Sojasauce,
1 TL Maisstärke, 1 EL Zucker, 1 klein
gehackte Frühlingszwiebel

Zubereitungszeit: etwa 65 Minuten

■ Rippchen in mundgerechte Stücke hacken und in eine Schüssel geben.
■ Bohnen unter fließendem Wasser abspülen, abtropfen lassen und zerdrücken. Mit Knoblauch, Sojasauce, Stärke und Zucker vermischen. Masse auf den Rippchen verteilen.
■ Rippchen auf dem Sieb eines Dämpftopfs 1 Stunde garen.
■ Frühlingszwiebel roh darüber geben. Heiß servieren.

Dazu $\frac{1}{4}$ l Ling-Zhi-Tee.

Zuckermaissuppe

1 Portion enthält:
190 Kilokalorien
13 g Fett
9 g Eiweiß
9 g Kohlenhydrate
2 g Ballaststoffe

Zutaten:
50 g mageres Hühnerfleisch, 1 EL Reiswein,
1 EL Sojaöl, Salz, Pfeffer, 1 Ei, 1 TL helle
Sojasauce, $1\frac{1}{2}$ l fettarme Hühnerbrühe,
200 g Zuckermais (Dose), $\frac{1}{2}$ TL Sesamöl,
1 EL fein gehacktes Korianderkraut

Zubereitungszeit: etwa 10 Minuten

- Hühnerfleisch in sehr feine Streifen schneiden und mit Reiswein vermischen.
- Öl im Wok erhitzen. Fleisch 1 Minute unter Rühren braten, bis es Farbe annimmt, mit Salz und Pfeffer würzen, warm stellen.
- Ei aufschlagen, verquirlen und mit Sojasauce vermischen.
- Brühe aufkochen und Ei hineinrühren. Mais und Fleisch zugeben. Mit Salz und Pfeffer nachwürzen, aufkochen lassen, vom Feuer nehmen. Öl über die Suppe träufeln, mit Koriander bestreuen.

Dazu $1/4$ l Ling-Zhi-Tee.

Immuneffekt

Schwein, Sojabohnen und -sauce, Knoblauch und Zwiebeln, Huhn und Koriander in Verbindung mit Ling-Zhi-Tee regen den Stoffwechsel an, stärken bei Erschöpfungszuständen und versorgen die Bänder und Sehnen, die Knochen und die Haut mit Energie. Vorbeugend gegen Herz- und Kreislauferkrankungen.

DIE IMMUNKUR FÜR EINE WOCHE

Siebter Tag

Zum Frühstück 1 Tasse Reissuppe, $^1/_4$ l Acht-Schätze-Tee.

Rindfleisch mit süß-saurer Sauce

1 Portion enthält:
176 Kilokalorien
6 g Fett
23 g Eiweiß
7 g Kohlenhydrate
0 g Ballaststoffe

Zutaten:
300 g mageres Rindfleisch aus der Keule, etwas Sojaöl zum Braten, 1–2 EL Stärke, 1 EL Reiswein, Pfeffer

Für die Sauce:
5 EL Hühnerbrühe, 1 EL braune Bohnensauce, 2 EL Sojasauce, 1 EL Reiswein, 1 EL Reisessig, 1 TL Zucker, 1 EL fein gehackte Schalotten, 1 TL fein gehackter Ingwer

Zubereitungszeit: etwa 15 Minuten

- Rindfleisch in hauchdünne, rund 5 cm lange Streifen schneiden und in der Stärke wälzen. Überschüssige Stärke gut abklopfen.
- Saucenzutaten mischen. In einem Wok Öl erhitzen, Fleisch scharf anbraten. Bei kleiner Hitze zugedeckt 10 Minuten schmoren lassen.
- Sauce gut untermischen und etwas einkochen lassen.

Dazu $^1/_4$ l Acht-Schätze-Tee.

Marmorierte Pu-Erh-Tee-Eier

1 Portion enthält:
275 Kilokalorien
20 g Fett
23 g Eiweiß
2 g Kohlenhydrate
0 g Ballaststoffe

Zutaten für 7 Stück:
12 große Eier, 1 $^1/_2$ TL Meersalz zum Kochen, Prise Meersalz zum Servieren, 3 EL Pu-Erh-Tee-Blätter, 2 EL dunkle Sojasauce, 2 zerkleinerte Stücke Sternanis (oder 1 EL Anissamen), 2 Zimtstangen

Zubereitungszeit: etwa 15 Minuten

- Eier in einen ausreichend großen Topf geben und mit kaltem Wasser auffüllen, bis die Eier großzügig bedeckt sind. Meersalz hinzugeben und langsam erwärmen, bis die Eier kochen. Leicht simmernd 5 Minuten kochen lassen.
- Eier vorsichtig in einem anderen Topf mit genügend eiskaltem Wasser ablöschen, Kochwasser mit dem Meersalz jedoch im Kochtopf belassen.
- Eier ausreichend abkühlen lassen. Aus dem Wasser nehmen, auf ein dickes Handtuch legen (am besten ein Frottiertuch) und mit einem Löffel leicht auf die Schale klopfen, dass sie zwar feine Brüche bekommt, jedoch nicht abfällt.
- Teeblätter, Sojasauce, Sternanis und Zimtstangen in das Kochwasser geben, in dem die Eier gegart worden sind. Wieder aufkochen lassen, nach dem Erreichen des Siedepunkts auf kleine Hitze drehen, bis das Kochwasser nur noch simmert. Jetzt vorsichtig die Eier hineingeben und 2 Stunden lang ziehen lassen, bis die Eierschalen braun sind.
- Topf vom Herd nehmen und die Eier in der Kochflüssigkeit auf Zimmertemperatur abkühlen lassen. Topf mit einem Deckel zudecken und über Nacht in den Kühlschrank stellen.
- Eier aus der kalten Kochflüssigkeit nehmen, vorsichtig schälen und längs durchschneiden.
- Kochflüssigkeit durch ein feines Sieb gießen und auffangen. In kleinen Schälchen als Sauce zu den gut gekühlten Marmoreiern servieren, die man mit einer kleinen Prise Meersalz bestreut.

Dazu $^1/_4$ l Acht-Schätze-Tee.

Immuneffekt

Ingwer, Zwiebeln, Rindfleisch, Soja, Essig in Verbindung mit dem Tee aus acht Schätzen schwingen Yin und Yang ein und wirken auf den Nieren- und den Lungenmeridian. Anregend auf die Ausschüttung von Sexualhormonen, Blutdruck senkend und den Stoffwechsel anregend. Allgemein kräftigend.

Fisch und Meeres-
früchte

Sehr häufig stehen Fisch und Meeresfrüchte auf dem chinesischen Speiseplan.
Die wichtigste Voraussetzung ist hier die
absolute Frische. Die vielfältigen Zuberei-
tungsarten mit den verschiedenen Gewürzen
sind sicher Bereicherungen für jede Küche.

Rezept auf Seite 53

Gebratene Krabben mit grünen Bohnenkernen

FISCH UND MEERESFRÜCHTE

1 Portion enthält:

390 Kilokalorien
17 g Fett
42 g Eiweiß
13 g Kohlenhydrate
2 g Ballaststoffe

Zutaten:

12 große Krabben oder Garnelen,
2 EL Reiswein, Salz, 1 TL Ingwersaft,
150 g entschotete, frische grüne Bohnenkerne, 2 Chilischoten, 1 Knoblauchzehe,
kleines Stück Ingwer, 2 EL Schweinefett

Für die Sauce:

$1/_8$ l Wasser, 2 EL Zucker, 2 EL Reiswein,
$2 1/_2$ EL Sojasauce, $1/_4$ TL Salz,
2 EL Tomatenketschup

Zubereitungszeit: etwa 20 Minuten

- Krabben schälen. Falls sie größer sind, schwarzen Darm entfernen, der sich am Rücken entlangzieht. Mit Reiswein, $1/_2$ TL Salz und Ing- wersaft vermengen. Ziehen lassen.
- Bohnenkerne waschen, mit ein wenig Salz einreiben. Kochen, bis sie knapp weich sind, dann die sich lösenden Häute entfernen.
- Chilischoten entkernen und fein hacken. Knoblauch und Ingwer schälen und fein hacken.
- Saucenzutaten in einer Schüssel gründlich miteinander verrühren.
- Wok erhitzen und Schweinefett hineingeben. Krabben abtropfen las- sen und ins heiße Fett legen. Rohe Krabben einige Minuten unter Rühren braten, bis sie sich verfärben, dann Ingwer, Knoblauch und Chili zugeben. Falls abgekochte Krabben verwendet werden, ins Fett geben und sofort Knoblauch und Würzzutaten zufügen. Bei starker Hitze kurz unter Rühren durchbraten und dann beiseite stellen.
- Bohnen im restlichen Fett im Wok bei starker Hitze anbraten. Wenn die Bohnen das Fett gut aufgenommen haben und ringsum davon überzogen sind, Krabben wieder zugeben, Sauce darüber gießen und alles rasch durchmischen, dann servieren.

Wirkung

Stärkt den Fluss der Energie (Qi) im Körper und löst Energiestau- ungen auf.

Tintenfisch mit Lauch

1 Portion enthält:
120 Kilokalorien
8 g Fett
9 g Eiweiß
4 g Kohlenhydrate
2 g Ballaststoffe

Zutaten:

1 Tintenfisch, 1 kleine Stange Lauch,
3 EL Öl, 1 TL fein gehackter Knoblauch,
1 EL Reiswein, 1 TL Tabascosauce,
$3/4$ TL Salz, $1/2$ TL Zucker, $1/8$ l Brühe,
1 TL Maisstärke, 2 TL Wasser

Zubereitungszeit: etwa 25 Minuten

■ Tintenfisch gut waschen. Fangarme vom Körper abtrennen und in 1–2 cm große Stücke schneiden. Unter fließendem Wasser die Außenhaut vom Körper abrubbeln. Den Kopf samt Mittelknochen, Tintenbeutel und inneren Organen herausziehen und wegwerfen. Gut ausspülen, trockentupfen und seitlich aufschlitzen, damit sich der Körper flach ausbreiten lässt.

■ Mit der Innenseite nach oben auf ein Brett legen. Mit einem scharfen Messer die Haut in 5 mm Abstand gitterartig einritzen, aber nicht ganz durchschneiden. Das Fleisch in etwa $1\,1/2$ cm große Stücke schneiden.

■ Lauch in 2 cm lange Stücke schneiden.

■ Im Wok 1 EL Öl erhitzen. Tintenfisch darin unter Rühren leicht anbraten. Auf einem Teller beiseite stellen.

■ Im Wok 2 EL frisches Öl erhitzen, Knoblauch und Lauch anbraten, Tintenfisch zufügen und Reiswein darüber träufeln. Unter Rühren kurz durchbraten.

■ Mit Tabasco, Salz und Zucker würzen, Brühe angießen. Bei starker Hitze kochen, bis sich die Tintenfischstücke zusammengekräuselt haben. Maisstärke in Wasser auflösen, Sauce damit andicken.

Wirkung

Regt das Yang an, stärkt somit die geistigen Kräfte und fördert die Entscheidungsfähigkeit.

FISCH UND MEERESFRÜCHTE

Tintenfisch mit Seetang

1 Portion enthält:
206 Kilokalorien
11 g Fett
25 g Eiweiß
5 g Kohlenhydrate
2 g Ballaststoffe

Zutaten:
2 Tintenfische, 25 g frischer oder getrockneter Seetang, 1 Stange Lauch, 1 Knoblauchzehe, 3 – 4 Zuckererbsenschoten, Salz, 25 g Schweinefett

Für die Sauce:
$2 \frac{1}{2}$ EL Sojasauce, 1 EL Essig, 2 TL Maisstärke, 2 EL Wasser

Zubereitungszeit: etwa 20 Minuten

- Tintenfische in eine große Schüssel mit Wasser legen. Mittelknochen und Fangarme zusammen mit den Innereien an einem Stück vorsichtig herausziehen. Haut ablösen, Körper aufschlitzen und flach ausbreiten. Auf jeder Seite die knorpeligen Teile wegschneiden.
- Tintenfisch schräg in etwa 3 cm breite Streifen, diese Streifen in ziemlich kleine Stücke schneiden. Dann jedes Stück dreimal so einschneiden, dass die Streifchen an einem Ende noch zusammenhängen. In kochendem Wasser blanchieren, unter kaltem Wasser abschrecken und abtropfen lassen.
- Seetang waschen und kurz in kaltes Wasser legen (getrockneter Seetang muss zuvor eingeweicht werden). In Streifen schneiden.
- Lauch und Knoblauch in hauchdünne Scheiben schneiden.
- Die Zuckererbsen kurz in Salzwasser kochen, damit sie ein kräftigeres Grün annehmen, und schräg halbieren.
- Saucenzutaten verrühren, bis sich die Stärke ganz aufgelöst hat.
- Schweinefett im Wok erhitzen. Knoblauch und Lauch unter Rühren darin anrösten, bis sich ihr charakteristisches Aroma entfaltet. Tintenfisch und Seetang hineingeben. Bei starker Hitze kurz durchbraten, Sauce zugießen und rasch unterrühren. Zuckererbsen zufügen, sobald sie heiß sind, servieren.

Wirkung

Für Frauen: beruhigend, entspannend. Für Männer: stärkt die Zeugungsfähigkeit.

Gedämpfter Fisch nach Kanton-Art

1 Portion enthält:
190 Kilokalorien
6 g Fett
29 g Eiweiß
2 g Kohlenhydrate
1 g Ballaststoffe

Zutaten:

1 ganzer weißfleischiger Fisch (etwa 600 g), 2 Scheiben Ingwer, 2 Scheiben gekochter Schinken, 1 Stange Lauch, 2−3 getrocknete, eingeweichte Tongupilze, 1 EL Reiswein, etwas Sesamöl, 2 EL Sojasauce

Zubereitungszeit: etwa 40 Minuten

■ Fisch ausnehmen, Schuppen mit einem scharfen Messer abschaben. Fisch unter fließendem kaltem Wasser innen und außen waschen, trockentupfen. (Schlitz leicht seitlich anlegen und den Fisch schließlich beim Servieren so anrichten, dass der Einschnitt unsichtbar ist.)

■ Eine Ingwerscheibe mit dem stumpfen Messerrücken des Küchenbeils weich klopfen, die andere in dünne Streifen schneiden.

■ Schinken in feine Streifen schneiden. Lauch in zwei je 10 cm lange Stücke zerteilen.

■ Pilze abtropfen lassen, Stiele abschneiden und Hüte in etwa 3 mm schmale Streifen schneiden.

■ Ingwerscheibe in den Bauch des Fisches legen. Fisch auf der Seite in eine feuerfeste Schale legen, unterhalb des Kopfes von dem einen Lauchstück, unter dem Schwanz von dem zweiten Lauchstück gestützt. Fisch mit Ingwerstreifen, Schinken und Pilzen bestreuen. Mit Reiswein und einigen Tropfen Sesamöl beträufeln.

■ Schale in den Dämpftopf stellen, in dem sich der Dampf schon reichlich entwickelt haben sollte. Über sprudelnd kochendem Wasser 15−20 Minuten dämpfen, Deckel dabei nicht öffnen.

■ Wenn der Fisch gar ist, Ingwerscheibe herausnehmen. Fisch auf einer vorgewärmten Platte anrichten und mit Sojasauce begießen.

Wirkung
Beruhigt beim Mann die Hyperaktivität, fördert bei der Frau das Weibliche.

FISCH UND MEERESFRÜCHTE

Makrele in süß-saurer Sauce

1 Portion enthält:
334 Kilokalorien
18 g Fett
24 g Eiweiß
22 g Kohlenhydrate
4 g Ballaststoffe

Zutaten:

4 mittelgroße Makrelen, 2 EL frisch gepresster Ingwersaft, 1 EL Reiswein, 1 Zwiebel, 2 grüne Paprikaschoten, Erdnussöl, 40–50 g Maisstärke, 1 fein gehackte Knoblauchzehe

Für die Sauce:

1 EL Zucker, 4 EL Tomatenketschup, 1 EL Sojasauce, 2 TL Worcestershire-Sauce, $1/_8$ l Brühe, 2 TL Maisstärke, 4 TL Wasser

Zubereitungszeit: etwa 40 Minuten

- Stachelige Flossenreihe an den Seiten der Makrelen wegschneiden, Messer vom Schwanz in Richtung Kopf führen. Kopf abschneiden, Fisch ausnehmen. Unter fließendem kaltem Wasser waschen und abtropfen lassen.
- Fisch auf die Arbeitsfläche legen und filetieren. Dazu Messer zwischen Fleisch und Mittelgräte einführen und entlang der Mittelgräte schneiden. Fisch umdrehen und Vorgang wiederholen.
- Filets in mundgerechte Stücke zerteilen. Mit Ingwersaft und Reiswein beträufeln, durchmischen und 5–6 Minuten ziehen lassen.
- Zwiebel schälen, längs halbieren, in 2 cm lange Streifen schneiden.
- Paprika längs halbieren, putzen und der Länge nach in 2 cm lange Streifen schneiden.
- $3/_4$ l Erdnussöl im Wok auf 150 °C erhitzen. Zuerst Zwiebeln darin frittieren, dann Paprika zugeben und leicht bräunen lassen. Mit einem Schaumlöffel herausheben und abtropfen lassen.
- Fischstücke mit Küchenkrepp trockentupfen, in Maisstärke wälzen, überschüssige Stärke abschütteln. Öl, in dem die Gemüse frittiert wurden, auf 170 °C erhitzen. Fisch darin frittieren, bis er knusprig ist. Herausnehmen und abtropfen lassen.
- 1 EL frisches Öl im Wok erhitzen, Knoblauch darin unter Rühren anbraten. Sobald er stark duftet, Zwiebel und Paprika zufügen. Bei starker Hitze unter Rühren durchbraten.

- Zucker, Tomatenketschup, Sojasauce, Worcestershire-Sauce und Brühe miteinander verquirlen und zugießen.
- Wenn die Sauce aufkocht, die frittierten Fischstücke hineinlegen und etwa 1 Minute mitkochen lassen. Maisstärke in Wasser auflösen und die Sauce damit andicken.

Wirkung

Fördert den Stoffwechsel und hilft somit, Gifte aus dem Körper auszuscheiden.

Tipp

Maisstärke gilt als die feinste Speisestärke. Sie ist ausgesprochen bekömmlich. Wenn Sie die Zutaten vor dem Kochen darin wälzen, bekommen sie einen schönen Glanz. Falls Sie keine Maisstärke haben, können Sie Kartoffel-, Reis- oder Weizenmehl als Ersatz verwenden.

FISCH UND MEERESFRÜCHTE

Gebratener Fisch mit Erdnüssen

1 Portion enthält:
450 Kilokalorien
29 g Fett
24 g Eiweiß
22 g Kohlenhydrate
3 g Ballaststoffe

Zutaten:
4 Filets von weißfleischigem Fisch,
1 EL Reiswein, 2 TL Ingwersaft, kleines
Stück Ingwer, 1 Knoblauchzehe, 1 Chilischote, 1 Stange Lauch, 100 g ungesalzene,
geschälte Erdnüsse, einige Röschen Brokkoli, Salz, 4 EL Maisstärke, 2 EL Sojaöl

Für die Sauce:
4 EL rote Bohnenpaste, 3 EL Reiswein,
2 EL Zucker, 1 TL Sesamöl, 225 ml Brühe

Zubereitungszeit: etwa 30 Minuten

- Jedes Fischfilet schräg in drei Portionen zerteilen. Mit Reiswein und Ingwersaft beträufeln und 5 Minuten marinieren lassen.
- Ingwer und Knoblauch schälen, Chilischote entkernen, halbe Lauch-stange waschen. Alles fein hacken. Von den Erdnüssen die dünnen braunen Häutchen abschälen und die Nüsse grob hacken.
- Zutaten für die Sauce vermischen, bis sich Bohnenpaste und Zucker gelöst haben. Gehackte Erdnüsse unterrühren.
- Restliche halbe Lauchstange zum Garnieren in feinste Streifchen schneiden, in eine Schüssel mit kaltem Wasser legen.
- Brokkoli in Salzwasser knapp weich kochen und zerpflücken.
- Fischstücke in Maisstärke wälzen. Im Wok das Öl erhitzen, den Fisch bei starker Hitze anbraten. Die gehackten Zutaten zugeben und unter Rühren braten, bis sich das Aroma entfaltet.
- Sauce darüber gießen und das Ganze bei mittlerer Hitze etwa 10 Minuten köcheln lassen.
- Sobald der Fisch den größten Teil der Sauce aufgenommen hat, auf einer vorgewärmten Platte anrichten. Mit den Lauchstreifchen be-streuen und mit den Brokkoliröschen garnieren.

Wirkung

Weckt Freude und Lust, macht aktiv. Ferner wird die geistige Leis-tungsbereitschaft gesteigert.

FISCH UND MEERESFRÜCHTE

Fisch mit Pilzen und Bambussprossen

1 Portion enthält:
- 210 Kilokalorien
- 7 g Fett
- 22 g Eiweiß
- 16 g Kohlenhydrate
- 3 g Ballaststoffe

Zutaten:

300 g Fischfilet, Salz, 10 mittelgroße Mu-Err-Pilze, 1 EL Ingwer, 2 EL Frühlingszwiebeln, 250 g Chinakohl, 2 EL Sojaöl, 250 g Bambussprossen, $1/_8$ l Hühnerbrühe, 1 EL Stärke

Für die Sauce:

1 EL Reiswein, 1 EL Sojasauce, 1 EL Austernsauce, Salz, Pfeffer

Zubereitungszeit: etwa 40 Minuten, Foto Seite 44

- Fischfilet in 2 x 2 cm große Stücke schneiden und salzen.
- Pilze in kaltem Wasser einweichen, anschließend harte Stiele abschneiden und die Kappen halbieren oder vierteln.
- 0,1 l Pilzbrühe mit den übrigen Saucenzutaten verrühren.
- Ingwer fein hacken, Frühlingszwiebeln klein schneiden, Chinakohl in feine Streifen schneiden.
- Öl im Wok erhitzen. Ingwer und Frühlingszwiebeln kurz darin anbraten, bis sie zu duften beginnen. Pilze und Bambussprossen zufügen, zwei Minuten mitbraten. Herausnehmen und warm stellen.
- Chinakohl im selben Öl etwa eine halbe Minute braten, mit Hühnerbrühe ablöschen und die angerührte Sauce zufügen. Alles aufkochen und 1 Minute ziehen lassen.
- Chinakohl mit einem Schaumlöffel aus der Sauce nehmen.
- Fischwürfel in die Sauce geben und 2–3 Minuten ziehen lassen, bis sie gar sind, aber noch nicht zerfallen.
- Fisch mit Pilzen und Bambussprossen auf einer Platte anrichten und mit Kohl umlegen.
- Stärke mit etwas kaltem Wasser anrühren, in die Sauce geben, einmal aufkochen lassen, über das Gericht gießen und servieren.

Wirkung

Ein sehr hilfreiches Rezept für Menschen, die an einer Erkältungskrankheit leiden.

FISCH UND MEERESFRÜCHTE

Leckere Fleisch-gerichte

In der chinesische Küche spielt Schweinefleisch traditionell eine große Rolle. Das zarte Fleisch kann auf die verschiedensten Arten zubereitet werden, denn es harmoniert mit fast allen Zutaten. Das Gleiche gilt für Hühnerfleisch. Allerdings legt man in China größten Wert auf höchste Qualität. Rindfleischgerichte sind deshalb seltener, da die Tiere meist als Lasten- und Arbeitstiere gehalten wurden und entsprechend alt und zäh waren. Sie finden hier eine Auswahl an typischen chinesischen Fleischgerichten.

Rezept auf Seite 62

Backhuhntopf

Zutaten:
1 Suppenhuhn (1 kg), 185 ml Hühnerbrühe, 2 chinesische schwarze Pilze, 2 EL Sojaöl

Für die Marinade:
3 EL Sojasauce, 3 El Reiswein, 1 EL gehackter Ingwer, 2 fein gehackte Knoblauchzehen, Salz, Pfeffer, 1 EL fein gehackte Schalotten

Für die Sauce:
65 ml Hühnerbrühe, 1 TL Austernsauce, 1–2 TL Maisstärke, Salz, Fünf-Gewürz-Pulver

Zubereitungszeit: etwa 60 Minuten

- Huhn säubern und vierteln. Zutaten für die Marinade mischen. Huhn darin mindestens 30 Minuten marinieren, ab und zu wenden.
- Pilze einweichen. Kappen in kleine Würfel schneiden. 100 ml Einweichbrühe zu der Hühnerbrühe geben.
- Fleischstücke aus der Marinade nehmen und abtropfen lassen. Marinade mit der Hühnerbrühe vermischen.
- Etwas Sojaöl in einem Brattopf erhitzen und Fleischstücke darin anbraten, bis sie Farbe angenommen haben. Mit der Brühe ablöschen. Pilze zugeben und zugedeckt $1/2$ Stunde dünsten.
- Fleisch herausnehmen, in kleine Stücke schneiden und auf einer Platte anrichten.
- Bratensaft mit Austernsauce und Hühnerbrühe-Marinade mischen. Stärke mit etwas Wasser verrühren und zugeben. Sauce eindicken lassen, nochmals kurz aufkochen, würzen und über die Fleischstücke gießen. Sofort servieren.

Wirkung
Stärkt den Leber-Meridian, entgiftet, entschlackt und kräftigt so das Immunsystem.

Huhn mit Cashewkernen nach Sichuan-Art

1 Portion enthält:
317 Kilokalorien
24 g Fett
15 g Eiweiß
12 g Kohlenhydrate
5 g Ballaststoffe

Zutaten:

200 g Hühnerbrust, 1/2 Eiweiß, 1 TL Maisstärke, Prise Salz, Sojaöl, 3 grüne Paprikaschoten, 100 g Bambussprossen (Dose), 50 g Cashewkerne, 1 TL fein gehackter Knoblauch, 1 EL Reiswein

Für die Sauce:

1 EL schwarze Bohnepaste, 1 EL Sojasauce, 2 TL Zucker, $1/2$ EL Essig, $1/4$ TL Salz

Zubereitungszeit: etwa 20 Minuten

- Hühnerbrust in 1 cm große Würfel schneiden, in Eiweiß tauchen und dann in Maisstärke wälzen; mit einer Prise Salz bestreuen.
- In einem großen Topf ausreichend Frittieröl richtig heiß werden lassen. Die Hühnerfleischwürfel darin frittieren; abtropfen lassen.
- Paprika der Länge nach halbieren, Stiel, Kerne und das Weiße entfernen. In 1 cm große Quadrate schneiden.
- Bambussprossen genauso wie den Paprika zurechtschneiden. (Frische Bambussprossen müssen Sie vorher kochen.)
- Saucenzutaten in einer Schüssel verrühren.
- Cashewkerne in mäßig heißem Öl anbraten, bis sie leicht gebräunt und knusprig sind.
- 2 EL Öl im Wok erhitzen und Knoblauch darin anbraten, bis er stark zu duften beginnt; Bambussprossen und Paprika zufügen und alles unter Rühren durchbraten.
- Hühnerfleisch und Cashewkerne zufügen, mit Reiswein beträufeln und mit der Sauce übergießen. Alle Zutaten noch einmal bei starker Hitze kurz unter Rühren durchbraten.

Wirkung

Reguliert den Fluss des Qi, harmonisiert somit das Yin und Yang und sorgt für seelische Ausgeglichenheit.

Hühnerfleisch mit Ingwer

1 Portion enthält:

303 Kilokalorien
19 g Fett
17 g Eiweiß
14 g Kohlenhydrate
5 g Ballaststoffe

Zutaten:

300 g Hühnerbrust, 1 EL Reiswein, Salz, 50–100 g Ingwer, 4 grüne Paprikaschoten, 1 Eiweiß, Maisstärke, Sojaöl, 1 TL fein gehackter Knoblauch, 1 EL Reiswein

Für die Sauce:

$^{1}/_{2}$ TL Salz, 2 $^{1}/_{2}$ EL Essig, 3 EL Zucker, 1 EL Tomatenketschup

Zubereitungszeit: etwa 30 Minuten

- Hühnerbrust schräg in mundgerechte Stücke schneiden. In eine Schüssel geben, mit Reiswein und 1 TL Salz vermischen.
- Ingwer schälen, der Länge nach in hauchdünne Scheibchen schneiden. Leicht einsalzen und ziehen lassen.
- Paprikaschoten waschen, längs halbieren, putzen und in gleich große Dreiecke schneiden.
- Für die Sauce Salz, Essig, Zucker und Tomatenketschup in einen kleinen Topf geben und erhitzen, dabei gut verrühren. Sobald die Flüssigkeit aufkocht, vom Herd nehmen und abkühlen lassen.
- Ingwer ausdrücken, in die Sauce geben und durchziehen lassen.
- Hühnerfleisch mit Eiweiß, dann mit 1 EL Maisstärke vermengen. Ausreichend Öl im Wok ziemlich heiß werden lassen, Hühnerfleisch darin frittieren. Dabei ständig umrühren.
- Im Wok 2 EL frisches Öl erhitzen. Knoblauch darin unter Rühren anbraten, bis er stark zu duften beginnt. Ingwer aus der Sauce heben, abtropfen lassen und mit dem Paprika in den Wok geben.
- Sobald der Paprika weich zu werden beginnt, Hühnerfleisch zugeben. Mit Reiswein beträufeln und mit Sauce übergießen. Bei starker Hitze unter Rühren durchbraten. Falls die Sauce zu dünnflüssig ist, 1 TL Maisstärke in 2 TL Wasser auflösen und unterrühren.

Wirkung

Beseitigt Blutstauungen und fördert damit die Stoffwechselfunktionskreise im Körper.

Huhn mit Wasserkastanien

1 Portion enthält:
- 256 Kilokalorien
- 13 g Fett
- 11 g Eiweiß
- 23 g Kohlenhydrate
- 6 g Ballaststoffe

Zutaten:

15 getrocknete Wasserkastanien, 3 Hähnchenschenkel, 1 Stange Lauch, kleines Stück Ingwer, 2 EL Sojasauce, 1 TL Reiswein, je 1 Prise Salz und Pfeffer, Maisstärke, Sojaöl, $1/2$ l Brühe

Zubereitungszeit: etwa 90 Minuten

- Wasserkastanien über Nacht einweichen.
- Hähnchenschenkel in mundgerechte Stücke zerteilen.
- Lauch und Ingwer in hauchdünne Scheiben schneiden.
- Fleisch, Lauch und Ingwer in eine Schüssel legen. Reiswein, Salz und Pfeffer hinzufügen, alles gut durchmischen und 30 Minuten marinieren.
- Fleisch trockentupfen, in Maisstärke wälzen. Ausreichend Öl heiß werden lassen und Fleisch darin frittieren, bis es außen goldbraun und knusprig ist.
- Brühe und Marinade in einen Topf gießen und Fleisch zugeben. Bei starker Hitze zum Kochen bringen und zugedeckt bei mittlerer Hitze 20–30 Minuten kochen lassen.
- Lauch und Ingwer herausfischen. Wasserkastanien zugeben und noch 10 Minuten kochen lassen. Sofort servieren.

Wirkung

Wirkt positiv auf den Säure-Basen-Ausgleich und somit auf das gesamte Wohlbefinden.

Tipp

Ingwer ist ein unverzichtbarer Bestandteil in der chinesischen Küche. Wenn möglich sollten Sie stets frischen Ingwer verwenden, denn gemahlener ist kein Vergleich dazu. Gekochter Ingwer verströmt einen angenehmen, intensiven Duft, gebratener Ingwer verleiht dem Gericht Schärfe und ein zitronenartiges Aroma.

Gebratene Schweinefleischwürfel mit Erdnüssen

1 Portion enthält:

479 Kilokalorien
37 g Fett
30 g Eiweiß
10 g Kohlenhydrate
6 g Ballaststoffe

Zutaten:

300 g mageres Schweinefleisch, 1 EL Maisstärke, 4 EL Wasser, 40 ml Brühe, 1 Prise Pfeffer, 1 TL Sojasauce, Sesamöl, 1 EL Lauch, 1 Knoblauchzehe, Erdnussöl, 1 EL Reiswein, 200 g geröstete Erdnüsse, 1 TL Salz

Zubereitungszeit: etwa 20 Minuten

- Schweinefleisch waschen und würfeln.
- Stärke in Wasser auflösen. Fleischwürfel in einer Schüssel mit der Hälfte der Stärke-Flüssigkeit vermengen.
- Brühe mit Pfeffer, Sojasauce, einigen Tropfen Sesamöl und der restlichen Stärke-Flüssigkeit gut vermischen.
- Lauch fein hacken, Knoblauchzehe zerdrücken.
- Im Wok ausreichend Öl stark erhitzen, das Fleisch darin durchbraten und in einem Sieb abtropfen lassen.
- Etwas Öl im Wok belassen. Lauch, Knoblauch, Reiswein, Erdnüsse und Salz zugeben und unter Rühren braten. Mit den Fleischwürfeln auffüllen und die Brühe darüber gießen.
- Wenn die Flüssigkeit eingedickt ist, einige Tropfen Sesamöl darüber träufeln und das Gericht servieren.

Wirkung

Ein nahrhaftes Gericht, das tonisierend (kräftigend) und anregend auf das Nervensystem und den Kreislauf wirkt.

LECKERE FLEISCHGERICHTE

Schweinefleisch mit Paprika und Bohnen

1 Portion enthält:

250 Kilokalorien
16 g Fett
23 g Eiweiß
3 g Kohlenhydrate
7 g Ballaststoffe

Zutaten:

200 g mageres Schweineschnitzel,
1 EL Sojasauce, 100 g schwarze eingelegte
Soja- oder Mungobohnen, je 1 grüne und
rote Paprikaschote, 2 EL Sojaöl, 1 Eiweiß,
2 EL Austernsauce

Zubereitungszeit: etwa 20 Minuten, Foto Seite 54

- Schnitzel in hauchdünne, etwa 2 cm lange Streifen schneiden, mit der Sojasauce marinieren und 10 Minuten ziehen lassen.
- Eiweiß steif schlagen, mit dem Fleisch vermischen.
- Bohnen gut wässern und abtropfen lassen. Paprikaschoten in Stücke schneiden.
- Öl in einem Wok erhitzen. Fleischscheiben darin kurz anbraten. Paprika und Bohnen zugeben und 2 Minuten mitbraten.
- Zum Schluss die Austernsauce gut untermischen und servieren.

Wirkung

Gibt körperliche Kraft und zudem geistige Energie. Führt dem Körper Wärme zu.

Geschmorte Schweinefleischklöße

1 Portion enthält:

381 Kilokalorien
29 g Fett
19 g Eiweiß
10 g Kohlenhydrate
2 g Ballaststoffe

Zutaten:

400 g mageres Schweinehack, 1 EL fein
gehackter Lauch, $1/2$ TL Ingwersaft,
$1/4$ TL Salz, 2 EL Reiswein, 1 Prise Pfeffer,
1 Ei, $1/2$ EL Sesamöl, 2 EL Maisstärke,
Sojaöl, 5–6 Blätter Chinakohl,
75 ml Sojasauce, 1 l Wasser

Zubereitungszeit: etwa 120 Minuten

- Schweinehack in einer dünnen Lage auf dem Hackbrett verteilen. Mit dem Küchenbeil gründlich durchhacken (einmal senkrecht, einmal waagrecht), sodass eine sehr feine, weiche Masse ohne Klümpchen entsteht.
- Fleisch in eine Schüssel geben und Lauch, Ingwersaft, Salz, 1 EL Reiswein und Pfeffer zufügen. Alles gut durchkneten.
- Ei zu der Mischung geben, Sesamöl und Maisstärke unterrühren. Weiterkneten, bis die Masse glatt und gut durchgemischt ist. Wenn der Teig zu fest wird, mit etwas Wasser geschmeidig machen.
- Fleischteig in vier Portionen teilen. Handflächen leicht einölen und vier große Klöße formen. Klöße mit Schwung von einer Hand in die andere werfen, damit sie fest werden.
- Öl 5 cm hoch in den Wok gießen und erhitzen. Fleischklöße hineingleiten lassen und bei starker Hitze frittieren, bis sie außen schön knusprig und die Fleischsäfte ringsum eingesiegelt sind. Abtropfen lassen und beiseite stellen.
- Chinakohlblätter waschen, trockenschwenken, in 5 6 cm lange Stücke zerteilen. Im Öl frittieren, bis sie weich sind. Herausnehmen und gut abtropfen lassen.
- Eine feuerfeste Kasserolle mit einigen Kohlblättern auskleiden, Fleischklöße auf das Blätterbett setzen und mit den restlichen Blättern zudecken. Mit Sojasauce und 1 EL Reiswein beträufeln.
- Wasser zugießen, sodass alles knapp bedeckt ist. Bei starker Hitze zum Kochen bringen, dann die Hitze herunterschalten. Zugedeckt etwa 1 Stunde leise köcheln lassen.

Wirkung

Kann schmerzstillend wirken und ist adstringierend (zusammenziehend) für eine schönere Haut.

Tipp

Wenn Sie Sesamöl nehmen, sollten Sie das rotbraune Öl kaufen. Es hat einen starken Geschmack und verbrennt leicht. Daher wird es in der Regel nicht zum Kochen, sondern nur zum Verfeinern der Gerichte verwendet.

Schweinefleisch süß-sauer

Zutaten:
350 g Schweinefleisch aus der Keule,
1 scharfe rote Chilischote, 2 Stangen Lauch,
$1/2$ kleine Dose Ananas, je 2 grüne und rote
Paprikaschoten, Maisstärke, 4 TL Wasser,
1 Ei, 4 EL Sojaöl, 1 TL fein gehackter
Knoblauch, 1 EL Reiswein

Für die Sauce:
75 ml Essig, 1 EL Sojasauce,
$4 1/2$ EL Zucker, 1 EL Tomatenketschup,
2 EL Worcestershire-Sauce, $1/2$ TL Salz

Zubereitungszeit: etwa 25 Minuten

- Schweinefleisch in etwa 1 cm dicke Scheiben schneiden, auf beiden Seiten klopfen und in mundgerechte Streifen schneiden.
- Chilischote entkernen und in etwa 3 mm dicke Ringe schneiden. Lauch waschen, putzen und in 2 cm lange Stücke schneiden.
- Abgetropfte Ananas in kleine Stücke zerteilen. Paprikaschoten waschen, putzen und in mundgerechte Stücke schneiden.
- Zutaten für die Sauce verquirlen. In einem anderen Schälchen 2 TL Maisstärke in Wasser auflösen.
- Ei verquirlen, Fleischstücke hineintauchen, dann in Maisstärke wälzen. 2 EL Öl bei mittlerer Hitze im Wok heiß werden lassen, Fleisch darin unter Rühren braten. Beiseite stellen.
- 2 EL Öl im Wok erhitzen, Knoblauch unter Rühren anbraten. Sobald er zu duften beginnt, Lauch und dann Paprika zufügen.
- Wenn der Paprika zart wird, Chiliringe, Ananas und Schweinefleisch zugeben, alles rasch unter Rühren durchbraten. Mit Reiswein aromatisieren. Süß-saure Sauce und angerührte Maisstärke zugießen. Gut durchmischen und servieren.

Wirkung
Wirkt gegen allgemeine Müdigkeit, belebt den Kreislauf und kräftigt den Magen.

Rindfleisch mit Ingwer und Paprika nach Sichuan-Art

1 Portion enthält:
- 209 Kilokalorien
- 16 g Fett
- 12 g Eiweiß
- 4 g Kohlenhydrate
- 6 g Ballaststoffe

Zutaten:

200 g mageres Rindfleisch, $1/4$ TL Salz, $1/2$ Eiweiß, 1 TL Maisstärke, 5 grüne Paprikaschoten, 100 g Bambussprossen (Dose), Sojaöl, 1 TL fein gehackter Knoblauch, 1 TL fein gehackter Ingwer, 1 EL Lauch, 1 EL Reiswein, Sesamöl, 1 TL Maisstärke, 2 TL Wasser

Für die Sauce:

1 TL Zucker, $2\,1/2$ EL Sojasauce, 1 TL Essig

Zubereitungszeit: etwa 25 Minuten

- Rindfleisch in dünne Scheiben und anschließend in 5 mm dicke Streifen schneiden. Salzen, in Eiweiß wälzen, mit Maisstärke bestäuben und gut durchmischen.
- Paprikaschoten waschen, längs halbieren, putzen und in feine Streifchen schneiden.
- Bambussprossen in feine Streifchen schneiden. (Frische Bambussprossen müssen Sie vorher kochen.)
- Reichlich Öl erhitzen und die Fleischstreifen frittieren. Sie dürfen nicht aneinander kleben! Wenn sie sich hell färben, herausnehmen.
- 2 EL frisches Öl erhitzen und bei starker Hitze Knoblauch, Ingwer und Lauch rasch anbraten. Sobald der Ingwer goldbraun gefärbt ist und stark zu duften beginnt, Paprika und Bambussprossen zufügen. Bei starker Hitze rasch unter Rühren braten.
- Wenn Paprika und Bambussprossen fast weich sind, Fleisch zugeben, Reiswein darüber träufeln. Alles unter Rühren gut durchbraten.
- Für die Sauce Zucker, Sojasauce und Essig mischen, angießen und rasch unterrühren. Mit einigen Tropfen Sesamöl abrunden. Maisstärke in Wasser auflösen und unterrühren.

Wirkung

Wirkt magenkräftigend, schleimlösend und vertreibt außerdem Blähungen.

LECKERE FLEISCHGERICHTE

Rindfleisch mit Zwiebeln

1 Portion enthält:
277 Kilokalorien
18 g Fett
13 g Eiweiß
12 g Kohlenhydrate
2 g Ballaststoffe

Zutaten:
200 g mageres Rindfleisch in dünnen
Scheiben, 1 EL Sojasauce, 300 g Zwiebeln,
5 EL Sojaöl, $1/2$ Eiweiß, 1 TL Maisstärke

Für die Sauce:
1 EL Reiswein, 1 EL Zucker,
1 EL Sojasauce

Zubereitungszeit: etwa 30 Minuten

- Die Fleischscheiben in sehr dünne Streifen schnetzeln, in eine Schüssel geben und gut mit Sojasauce tränken. Durchziehen lassen.
- Zwiebeln schälen, längs halbieren, quer in 5 mm dicke Scheiben schneiden.
- 3 EL Öl im Wok erhitzen und Zwiebeln darin unter Rühren goldgelb dünsten. Sie dürfen nicht bräunen oder rösten! Beiseite stellen.
- Rindfleisch mit Eiweiß vermengen, mit Maisstärke bestäuben und alles durchmischen.
- 2 EL frisches Öl in einem zweiten Wok oder einer Pfanne erhitzen und das Fleisch darin bei ziemlich schwacher Hitze langsam unter Rühren braten. Mit Hilfe von Stäbchen die Streifchen ständig auseinander zupfen, damit sie nicht verkleben. Das durchgegarte Fleisch mit einer Drahtsiebkelle auf einmal aus der Pfanne heben und gut abtropfen lassen.
- Für die Sauce Reiswein, Zucker und Sojasauce mischen.
- Den Wok mit den Zwiebeln bei ziemlich schwacher Hitze zurück auf den Herd stellen, Rindfleisch zugeben und die Sauce einrühren. Kurz unter Rühren durchbraten und servieren.

Wirkung
Verbessert die Gesichtsfarbe, putzt den Darm, entgiftet und sorgt für ein besseres Wohlbefinden.

LECKERE FLEISCHGERICHTE

Delikates
Gemüse

In der chinesischen Küche genießt Gemüse
einen sehr hohen Stellenwert. Das betrifft
sowohl die Menge wie auch die Vielfalt.
Manche Arten wie beispielsweise Bambussprossen, Seetang und Wasserkastanien er-
freuen sich in der westlichen Küche immer
größerer Beliebtheit. Dazu kommt eine
reichhaltige Auswahl an eingelegten und
getrockneten Gemüsen, die eine abwechs-
lungsreiche Ernährung außerhalb der
Saison garantieren.

Rezept auf Seite 70

Bambussprossen mit Spinat und Pilzen

1 Portion enthält:
93 Kilokalorien
8 g Fett
3 g Eiweiß
6 g Kohlenhydrate
5 g Ballaststoffe

Zutaten:
4–5 Tongupilze oder Strohpilze,
100 g Bambussprossen, 500 g frischer
Spinat, 4 EL Sojaöl, 1 TL Salz,
50 ml Brühe, 1 EL Austernsauce, einige
Tropfen Sesamöl, 1 TL Maisstärke

Zubereitungszeit: etwa 25 Minuten, Foto Seite 68

- Getrocknete Pilze 20 Minuten einweichen. Stiele entfernen, die größeren Hüte halbieren.
- Frische Bambussprossen weich kochen, in dünne Scheiben, diese in kleine Stücke schneiden. Sprossen aus der Dose werden nur abgetropft und klein geschnitten.
- Spinat putzen und gründlich waschen. Trockentupfen und in 5–6 cm lange Stücke schneiden; große Blätter halbieren.
- Im Wok 2 EL Öl erhitzen. Den Spinat unter Rühren kurz anbraten, dann Salz und 225 ml Wasser zufügen. Zugedeckt bei schwacher Hitze köcheln lassen, bis der Spinat weich ist. Herausheben und abtropfen lassen.
- Wok sauber auswischen und 2 EL frisches Öl erhitzen. Wenn es heiß ist, Bambussprossen und Pilze zufügen und unter Rühren anbraten.
- Wenn die Bambussprossen und die Pilze fast gar sind, Spinat, Brühe und Austernsauce zufügen, mit ein paar Tropfen Sesamöl abrunden.
- Zugedeckt 2–3 Minuten köcheln lassen, damit die Gemüse das Aroma und die Flüssigkeit aufnehmen können.
- Die Maisstärke in 2 TL Wasser auflösen und vor dem Servieren die Sauce damit andicken.

Wirkung

Versorgt den Darm mit Ballaststoffen, ist speziell ein Gericht für heiße Tage.

DELIKATES GEMÜSE

Grüne Bohnen mit Pilzen

1 Portion enthält:
96 Kilokalorien
8 g Fett
3 g Eiweiß
6 g Kohlenhydrate
2 g Ballaststoffe

Zutaten:

250 g grüne Bohnen, 125 g chinesische Champignons, 4 EL Sojaöl, 1 TL Salz, 2 EL Sojasauce, 1 TL Zucker, 1 TL Reiswein, einige Tropfen Sesamöl, 1 TL Maisstärke

Zubereitungszeit: etwa 30 Minuten

- Bohnen putzen, waschen und trockenrubbeln. Schräg in 4–5 cm lange Stücke schneiden.
- Champignons putzen und waschen, größere Pilze halbieren.
- Wok bei starker Hitze auf den Herd stellen. In den heißen Wok 2 EL Öl gießen und herumschwenken, damit es die Innenseite gründlich überzieht.
- Die Bohnen ins sehr heiße Öl geben und unter Rühren braten. Wenn die Bohnen den größten Teil des Öls aufgenommen haben, mit Salz bestreuen und 225 ml Wasser zugießen. Zugedeckt kochen, bis die Bohnen weich sind. Auf eine Platte geben und die im Wok verbleibende Flüssigkeit wegkippen.
- Wok nochmals bei starker Hitze heiß werden lassen. 2 EL frisches Öl hineingeben und, wenn es sehr heiß geworden ist, die Bohnen wieder in den Wok zurückschütten. Pilze zufügen und alles unter Rühren gut durchbraten.
- Sojasauce mit Zucker und Reiswein verrühren und in den Wok einrühren. Das Aroma mit einigen Tropfen Sesamöl abrunden.
- Falls die Sauce zu dünnflüssig ist, die Maisstärke in 2 TL Wasser auflösen und angießen.

Wirkung

Wirkt aphrodisisch, stärkt somit die sexuelle Hormonausschüttung und körperliche Energie.

DELIKATES GEMÜSE

Gebratene Bohnensprossen

1 Portion enthält:
116 Kilokalorien
4 g Fett
3 g Eiweiß
3 g Kohlenhydrate
6 g Ballaststoffe

Zutaten:
450 g frische Bohnensprossen,
3 kleine Stangen Lauch, 3 EL Erdnussöl,
2–3 zerdrückte Knoblauchzehen, 2 fein
gehackte Scheiben Ingwer, $1/2$ TL Salz,
1 Prise Pfeffer, 1 EL Schweinefett,
$1 1/2$ EL helle Sojasauce, 1 TL Sesamöl

Zubereitungszeit: etwa 5 Minuten

- Bohnensprossen abspülen. Vom einen Ende jeder Sprosse den dunklen Samen entfernen, vom anderen das Wurzelfädchen abzupfen. Gut abtropfen lassen.
- Lauch in etwa 2 cm lange Streifen schneiden.
- Öl im Wok erhitzen, Knoblauch und Ingwer darin kurz anrösten.
- Bohnensprossen zufügen, salzen und pfeffern. Ein paar Sekunden durchbraten. Fett, Sojasauce und Lauch zufügen.
- Bei starker Hitze 2 Minuten unter Rühren braten. Wenn die Bohnensprossen gar sind, mit dem Sesamöl beträufeln.

Wirkung
Enthält wertvolle Enzyme und Mineralien und sorgt somit für einen ausgeglichenen Wasserhaushalt.

Gemischtes Gemüse

1 Portion enthält:
289 Kilokalorien
21 g Fett
9 g Eiweiß
15 g Kohlenhydrate
10 g Ballaststoffe

Zutaten:
2 Möhren, 2 Zwiebeln, 2 Stangen Lauch,
4 Stangen Staudensellerie, 200 g Bambussprossen, 200 g Champignons, 2 kleine
grüne Paprikaschoten, 200 g Sojasprossen,
2 Knoblauchzehen, 1 Stück Ingwer (4 cm),
6 EL Sojaöl, Salz, 2 EL Sojasauce,
1 TL Zucker, 8 EL Brühe, 2 TL Sesamöl

Zubereitungszeit: etwa 15 Minuten

- Gemüse waschen und putzen. Möhren in dünne Scheiben schneiden. Zwiebeln vierteln, in Schichten teilen. Lauch, Sellerie, Bambus und Champignons in Scheiben, Paprika in Streifen schneiden. Sojasprossen verlesen.
- Knoblauch abziehen, Ingwer schälen, beides fein hacken.
- Öl im Wok erhitzen. Knoblauch, Ingwer und Salz hineingeben. Gemüse in der Reihenfolge wie oben aufgeführt nacheinander hinzugeben und rasch verrühren.
- Sojasauce, Zucker, Brühe und Sesamöl verquirlen, dazugießen und aufkochen.

Wirkung

Stärkt das Qi und das Blut. Koordiniert damit die Aktivitäten der körperlichen Funktionskreise.

DELIKATES GEMÜSE

Gebratener Spitzkohl

Zutaten:
1 kg Spitzkohl, 20 g getrocknete Chilischoten, 6 Knoblauchzehen, 10 EL Sojaöl

Für die Sauce
3 TL Kartoffelstärke, 10 EL Wasser, 2 EL Zucker, 2 EL Essig, 1 1/2 TL Salz, 5 EL Sesamöl

Zubereitungszeit: etwa 30 Minuten

- Kohl putzen, waschen und in große Stücke schneiden. Mit einem Küchentuch trockentupfen.
- Chilischoten halbieren. Knoblauchzehen schälen und fein hacken.
- Für die Sauce Stärke in Wasser auflösen und mit Zucker, Essig, Salz und Sesamöl verrühren.
- Wok erhitzen und das Sojaöl hineingießen. Wenn es heiß ist, zunächst die Chilischoten knapp 1 Minute unter Rühren braten. Dann Knoblauch dazugeben und 15 Sekunden mitbraten.
- Spitzkohlstücke in die Pfanne geben und 3 Minuten braten. Sauce rasch darunter rühren und das Ganze bei starker Hitze kurz aufkochen lassen.
- Vor dem Servieren die Chilischoten entfernen. Sie geben dem Gericht das richtige Aroma und werden nicht mitgegessen.

Wirkung

Tonisierend, aphrodisierend und kräftigend. Regt das Energiesystem des Körpers an.

Tofu mit Gemüse

1 Portion enthält:
264 Kilokalorien
20 g Fett
7 g Eiweiß
15 g Kohlenhydrate
5 g Ballaststoffe

Zutaten:

150 g Tofu, 100 g Chinakohl, 100 g grüne Paprikaschoten, 100 g rote Paprikaschoten, 2 Möhren, 100 g frische Champignons, 100 g Bambussprossen, 50 g Morcheln, 50 g Chinesische Blumenpilze, 3 Knoblauchzehen, 5 EL Sojaöl, 4 EL Zucker, 1 $\frac{1}{2}$ TL Salz, 1 TL Pfeffer, 300 ml Wasser, 2 TL Kartoffelstärke, 100 g Sojabohnenkeimlinge, 3 EL Sesamöl

Zubereitungszeit: etwa 30 Minuten

- Tofu in 2 cm dicke Würfel schneiden. Gemüse und frische Pilze putzen und waschen oder schälen. Alles in mundgerechte Stücke (z. B. Würfel, Scheiben oder Streifen) schneiden.
- Bambussprossen mundgerecht zerkleinern. Eingeweichte Morcheln und Blumenpilze ebenfalls in mundgerechte Stücke schneiden. Knoblauch schälen und fein hacken.
- Wok erhitzen, Öl hineingeben und den Knoblauch bei starker Hitze etwa 15 Sekunden darin anbraten.
- Vorbereitetes Gemüse und Pilze dazugeben und alles unter ständigem Rühren ungefähr 4 Minuten braten.
- Mit Zucker, Salz und Pfeffer abschmecken. Wasser angießen und alles aufkochen lassen.
- Kartoffelstärke mit 8 EL Wasser verrühren und zugeben. Sojabohnenkeimlinge und Tofuwürfel zufügen und kurz mitkochen lassen. Alles gründlich miteinander vermengen und mit Sesamöl verfeinern.

Wirkung

Fördert die Hormonproduktion, wärmend, kreislaufstärkend und unterstützt das Gedächtnis.

DELIKATES GEMÜSE

Gebratenes Gemüse auf chinesische Art

1 Portion enthält:
109 Kilokalorien
9 g Fett
4 g Eiweiß
4 g Kohlenhydrate
5 g Ballaststoffe

Zutaten:
1 kg chinesischer Senfkohl,
2–3 EL Erdnussöl, 1 TL Salz,
225 ml Brühe

Zubereitungszeit: etwa 10 Minuten

- Gemüse gründlich waschen, in einem Sieb abtropfen lassen und in 4–5 cm lange Stücke schneiden.
- Wok erhitzen, Öl hineingießen. Sobald das Öl richtig heiß geworden ist, Gemüse zufügen; bei starker Hitze unter Rühren braten.
- Mit Salz würzen und Brühe angießen. Zugedeckt köcheln lassen, bis das Gemüse weich ist. Abgießen und servieren.

DELIKATES GEMÜSE

Wirkung

Regt die Körpersäfte an, fördert somit die Verdauung und die Aufnahme von Vitalstoffen.

Zuckererbsen mit schwarzer Bohnenpaste

1 Portion enthält:
119 Kilokalorien
8 g Fett
4 g Eiweiß
10 g Kohlenhydrate
5 g Ballaststoffe

Zutaten:
350 g Zuckererbsen, 4 EL Sojaöl,
1 TL Salz, 225 ml Wasser,
1 TL fein gehackter Knoblauch,
1 TL schwarze Bohnenpaste,
1 EL Sojasauce, 1 TL Zucker,
einige Tropfen Sesamöl

Zubereitungszeit: etwa 15 Minuten

- Erbsenschoten putzen, Fäden abziehen, Schoten waschen und trockenreiben.
- Im Wok 2 EL Öl erhitzen. Zuckererbsen darin leicht anbraten, salzen und Wasser zugießen. Zugedeckt kochen, bis die Erbsenschoten zart, aber noch knackig sind. Abtropfen lassen.
- Verbliebene Flüssigkeit aus dem Wok abgießen. 2 EL frisches Öl hineingießen und erhitzen. Knoblauch darin anrösten. Sobald er stark zu duften beginnt, Erbsen zufügen.
- Bohnenpaste mit Sojasauce und Zucker verrühren, hinzugießen. Alles kurz unter Rühren durchbraten, bis die Zuckererbsen das Aroma der Sauce aufgenommen haben. Mit Sesamöl beträufeln.

Wirkung

Stärkt das Qi und das Blut und sorgt auch dafür, vorhandene Störungen im Blutkreislauf abzubauen.

DELIKATES GEMÜSE

Pikanter Kohl

1 Portion enthält:
83 Kilokalorien
4 g Fett
2 g Eiweiß
9 g Kohlenhydrate
2 g Ballaststoffe

Zutaten:
500 g Chinakohl, 2 EL Zucker, 2 EL heller Essig, 1 EL Sojasauce, 1 TL Salz, $\frac{1}{4}$ TL Cayennepfeffer, 1 EL Erdnussöl oder Sojaöl

Zubereitungszeit: etwa 25 Minuten

■ Mit einem Küchenbeil oder einem scharfen Messer Spitzen und Wurzelenden des Kohls abschneiden. Die Stängel voneinander trennen und unter fließendem kaltem Wasser waschen. Zusammen mit den Blättern in $2\frac{1}{2}$–3 cm lange Stücke schneiden.

■ Zucker, Essig, Sojasauce, Salz und Cayennepfeffer in einer kleinen Schüssel gründlich miteinander vermischen.

■ Wok stark erhitzen und Öl hineingießen. Wenn es heiß ist, auf mäßige Temperatur zurückschalten.

■ Sofort den Kohl einlegen und 2–3 Minuten unter Rühren braten. Achten Sie darauf, dass der Kohl ganz mit Öl überzogen ist.

■ Wok vom Feuer nehmen und die Essig-Soja-Mischung hineinrühren.

■ Kohl auf eine Platte geben und lauwarm oder auch kalt servieren.

Wirkung

Ein klassisches Gericht für den Winter: Es stärkt den Kreislauf, führt Wärme zu, ist gut für Gedächtnis und geistige Funktionen.

Tipp

Statt Chinakohl können Sie ersatzweise Lauch verwenden. Entfernen Sie dann die grünen Teile bis auf 3 cm. Anschließend waschen Sie die Stangen gründlich und schneiden sie in $2\frac{1}{2}$–3 cm große Stücke.

DELIKATES GEMÜSE

Gebratene Gurken mit getrockneten Krabben

1 Portion enthält:
58 Kilokalorien
5 g Fett
1 g Eiweiß
2 g Kohlenhydrate
1 g Ballaststoffe

Zutaten:

2 EL getrocknete Krabben, 2 kleine Gurken, 2 EL Sojaöl, 1 Scheibe Ingwer, 1 TL Zucker, $1/2$ TL Salz, 1 TL Sojasauce, 1 TL Maisstärke, 2 TL Wasser

Zubereitungszeit: etwa 20 Minuten

- Krabben waschen und in Wasser einlegen, bis sie weich und aufgequollen sind. Abtropfen lassen, dabei die Flüssigkeit auffangen, Krabben in kleine Stücke hacken.
- Gurken der Länge nach halbieren, schräg in 5 cm lange Stücke schneiden.
- Im Wok Öl erhitzen. Ingwer unter Rühren anrösten, bis er stark zu duften beginnt. Krabben zufügen und unter Rühren anbraten, Gurken zugeben und bei starker Hitze durchbraten.
- Mit Zucker, Salz und Sojasauce würzen. Etwas von der Einweichflüssigkeit der Krabben zugießen. Zugedeckt köcheln lassen, bis die Flüssigkeit zum Teil aufgesogen ist.
- Maisstärke in Wasser auflösen und Sauce damit andicken.

Wirkung

Stärkt die Yin-Energie und wirkt positiv auf den gesamten weiblichen Organismus.

Tipp

Sojasauce ist ist eine sehr würzige Sauce, die aus fermentierten Sojabohnen und Salz hergestellt wird. Es gibt drei Sorten: rote, dunkle und helle Sojasauce. Am besten probieren Sie die verschiedenen Geschmacksrichtungen.

DELIKATES GEMÜSE

Für den Suppen-
freund

Gewöhnlich wird die Suppe als letzter Gang eines chinesischen Menüs gereicht. Bevorzugt werden leichte klare Brühen, in denen nur wenige Stückchen schwimmen. Oft steht die Suppe während der ganzen Mahlzeit auf dem Tisch, jeder kann sich selbst bedienen und sie anstelle eines Getränks schlürfen. Doch keine Regel ohne Ausnahme: Manche Suppen werden direkt nach dem ersten Gang serviert. Es handelt sich um besondere Delikatessen, die ausgesprochen üppig und nahrhaft sind.

Rezept auf Seite 84

Hühnerbrustbrühe

1 Portion enthält:
104 Kilokalorien
5 g Fett
10 g Eiweiß
5 g Kohlenhydrate
1 g Ballaststoffe

Zutaten:

100 g Hühnerbrust, $^1/_2$ Eiweiß, Maisstärke, 1 TL Ingwer, 1 EL Schalotten, 200 g Bambussprossen, 1 EL Sojaöl, Salz, Zucker, Pfeffer, 3 EL Reiswein, $^3/_4$ l Hühnerbrühe

Zubereitungszeit: etwa 30 Minuten

- Hühnerbrust in feine Streifen schneiden, mit dem Eiweiß und 1 TL Stärke vermischen.
- Ingwer fein hacken, Schalotten klein schneiden, Bambus in Streifchen schneiden.
- Sojaöl im Wok erhitzen, Fleisch darin schnell gar braten. Dann herausnehmen und gut abtropfen lassen.
- Ingwer, Schalotten und Bambussprossen in das Öl geben und 1 Minute braten. Mit je einer Prise Salz, Zucker und Pfeffer würzen, den Reiswein darüber träufeln und sofort die Brühe zugießen.
- Nach dem Aufkochen das Fleisch zufügen.
- 1 EL Stärke mit etwas kaltem Wasser anrühren und die Brühe damit binden.
- Die Suppe vor dem Servieren nochmals mit Salz und Pfeffer abschmecken.

Wirkung

Zur Vorbeugung gegen grippale Infekte und zur Behandlung bei Erkältungskrankheiten.

Tipp

Bambussprossen sind die zarten Schösslinge, die am unteren Teil der Bambuspflanze ausschlagen. Sie werden am Ende der Regenzeit geerntet. In Asia-Läden bekommen Sie im Normalfall Dosensprossen. Inzwischen kann man aber auch bei uns frische Sprossen kaufen.

FÜR DEN SUPPENFREUND

Rindfleischbrühe

1 Portion enthält:
72 Kilokalorien
6 g Fett
3 g Eiweiß
2 g Kohlenhydrate
0 g Ballaststoffe

Zutaten:
500 g Rindfleisch und Knochen, 1 Möhre, $1/4$ Fenchel, $1/4$ Stange Sellerie, 1 Zwiebel, kleines Stück Ingwer, 2 l Wasser, 1 Prise Kurkuma, 2 Lorbeerblätter, etwas Koriander, 1 Streifen Wakame (Meeresalge), Zitronensaft

Zubereitungszeit: etwa 150 Minuten

- Fleisch und Knochen waschen und trockentupfen.
- Möhre, Fenchel, Sellerie und Zwiebel putzen und schälen, grob zerkleinern. Ingwer in Scheiben schneiden.
- Fleisch und Knochen mit dem Wasser aufsetzen und zum Kochen bringen. Etwa 15 Minuten köcheln lassen und abschäumen
- Möhre, Sellerie, Fenchel und Zwiebel in den Topf geben. Kurkuma, Lorbeerblätter, Koriander, Ingwer, Wakame und etwas Zitronensaft dazugeben. Nochmals zusammen aufkochen und für etwa 2 Stunden köcheln lassen.
- Dann die Brühe abseihen. Lassen Sie die Brühe völlig abkühlen, dann kann sie einige Tage im Kühlschrank aufbewahrt werden.

Wirkung

Wirkt schleimlösend, hustenlindernd, vertreibt Blähungen und kräftigt den Magen.

Gurkensuppe mit Hühnerfleisch

1 Portion enthält:

113 Kilokalorien
6 g Fett
4 g Eiweiß
10 g Kohlenhydrate
2 g Ballaststoffe

Zutaten:

$1/4$ Stange Lauch, kleines Stück Ingwer,
1 Hühnerflügel, Salz, Reiswein,
25–40 g Glasnudeln, 1 kleine Gurke
(oder eine halbe große Gurke),
$1–1 1/4$ l Brühe, einige Tropfen Sesamöl,
Prise Pfeffer

Zubereitungszeit: etwa 25 Minuten, Foto Seite 80

- Lauch schräg in Scheiben und Ingwer in dünne Scheiben schneiden.
- Chinesischen Dämpftopf über kochendes Wasser stellen. Hühnerflügel in eine feuerfeste Schale legen, 1 gehäuften TL Salz und $1/2$ EL Reiswein darüber geben, die Lauchscheiben und Ingwerstücke darauf verteilen. Schale in den Dämpftopf stellen und in 15–20 Minuten gar dämpfen.
- Wenn das Hühnerfleisch gar ist, enthäuten und entbeinen. Das Fleisch mit der Hand in lange, schmale Streifchen zupfen. Lauch und Ingwer wegwerfen. Die beim Dämpfen ausgetretenen Säfte zur Brühe geben.
- Glasnudeln abspülen und in eine Schüssel geben. Mit kochendem Wasser überbrühen und 5 Minuten aufweichen lassen. Abgießen und in ziemlich kurze Fädchen schneiden.
- Gurke schräg in dünne Scheiben schneiden, dann jede Scheibe in schmale Streifchen schneiden.
- Brühe in einen tiefen Topf gießen, aufkochen lassen und mit Salz und Reiswein abschmecken.
- Nudeln in die Brühe geben, dann die Fleischstreifchen und die Gurken zufügen. Mit ein paar Tropfen Sesamöl und einer Prise Pfeffer abschmecken und sofort servieren.

Wirkung

Sorgt für eine Kräftigung des mineralischen Haushalts und gibt somit der Haut ein frischeres Aussehen.

FÜR DEN SUPPENFREUND

Pilzsuppe

1 Portion enthält:
148 Kilokalorien
10 g Fett
6 g Eiweiß
10 g Kohlenhydrate
2 g Ballaststoffe

Zutaten:

4–5 getrocknete Tongupilze, 25 g getrocknete Baumohrpilze, $^1/_2$–1 Dose Strohpilze, 2–4 Blätter Chinakohl, kleines Stück Möhre, 3 EL Erdnussöl, 1 TL Salz, $1^1/_4$–$1^1/_2$ l Brühe, $^1/_2$ EL Sojasauce, 1 EL Reiswein, $^1/_2$ TL Essig, $^1/_2$ EL Maisstärke, 1 EL Wasser, 1 Prise Pfeffer, einige Tropfen Sesamöl

Zubereitungszeit: etwa 30 Minuten

- Tongupilze und Baumohrpilze einweichen, Strohpilze abtropfen lassen.
- Tongupilze abtropfen lassen, Stiele entfernen, Hüte in dünne Scheiben schneiden.
- Baumohrpilze abtropfen lassen, Stiele abschneiden, Hüte auseinander zupfen.
- Chinakohl und geschälte Möhre in feine Streifchen schneiden.
- Erdnussöl im Wok erhitzen. Tongupilze, Strohpilze, Chinakohl und Möhren hineingeben. Bei starker Hitze unter Rühren braten. Wenn die Gemüse ziemlich weich sind, mit Salz bestreuen.
- Brühe, Sojasauce, Reiswein und Essig zugießen. Sobald die Suppe aufkocht, Temperatur herunterschalten und noch etwa 5–6 Minuten köcheln lassen. Baumohrpilze zugeben.
- Wenn die Gemüse gar sind, Maisstärke in Wasser auflösen und Suppe damit andicken.
- Kurz vor dem Servieren mit Pfeffer und Sesamöl abschmecken.

Wirkung

Allgemein kräftigend, stimuliert das Energiesystem des Körpers und gibt Immun-Power

FÜR DEN SUPPENFREUND

Gemüsesuppe mit Lilienknospen

1 Portion enthält:
167 Kilokalorien
11 g Fett
6 g Eiweiß
12 g Kohlenhydrate
2 g Ballaststoffe

Zutaten:
2 Mu-Err-Pilze, 50 g Lilienknospen,
1 mittelgroße Möhre, $1/2$ Stange Lauch,
2 Frühlingszwiebeln, $1/2$ frische Chilischote,
2 Knoblauchzehen, 3 EL Sojaöl, 1 l Brühe,
1 EL Sojasauce, 2 EL Reiswein,
1 Prise Zucker, 50 g Glasnudeln,
50 g Maiskölbchen, Salz, Pfeffer

Zubereitungszeit: etwa 35 Minuten, Coverfoto

- Mu-Err-Pilze und Lilienknospen getrennt mit heißem Wasser übergießen. Etwa 10 Minuten quellen lassen.
- Möhre schälen, halbieren oder vierteln und dann quer in Scheiben schneiden.
- Lauch längs halbieren, waschen und in Streifen schneiden.
- Frühlingszwiebeln putzen und fein hacken.
- Chilischote säubern, entkernen und fein würfeln.
- Knoblauchzehen schälen und fein hacken.
- Öl im Wok erhitzen, Knoblauch, Chili und Frühlingszwiebeln unter ständigem Rühren andünsten. Brühe aufgießen und aufkochen lassen. Mit Sojasauce, Reiswein und Zucker würzen.
- Pilze ausdrücken und klein schneiden. Mit der Einweichflüssigkeit in die Suppe rühren.
- Lilienknospen ausdrücken, der Länge nach halbieren und zu feste Stiele entfernen.
- Möhren, Lauch, Glasnudeln, Maiskölbchen und Lilienknospen in die Suppe geben und 3–5 Minuten ziehen lassen. Mit Salz und Pfeffer abschmecken.

Wirkung

Die Gemüsesuppe mit Lilienknospen sorgt für Entspannung im gesamten Verdauungstrakt. Sie ist eine ausgesprochen gute Basis für einen funktionierenden Stoffwechsel.

Silbermorchelbrühe

1 Portion enthält:
31 Kilokalorien
0 g Fett
3 g Eiweiß
3 g Kohlenhydrate
1 g Ballaststoffe

Zutaten:

10 g Silbermorcheln, $^3/_4$ l Brühe,
2 EL Reiswein, 1 TL Sojasauce,
1 Prise Salz

Zubereitungszeit: etwa 45 Minuten

- Silbermorcheln waschen und in einen Topf geben, $^1/_2$ l kochendes Wasser dazugießen, zudecken und so 15 Minuten einweichen lassen.
- Wenn die Silbermorcheln aufgegangen sind, herausnehmen und Stiele abschneiden. Morcheln anschließend dreimal mit warmem Wasser gründlich waschen.
- Silbermorcheln in kochendem Wasser drei Minuten blanchieren, herausnehmen und beiseite stellen.
- Brühe, Sojasauce und Salz in einen Kochtopf geben und bei großer Hitze zum Kochen bringen. Das Ganze abschäumen und zum Schluss Reiswein dazugeben.
- Etwa 200 ml der gekochten Brühe in die Schüssel mit den Silbermorcheln gießen, sie etwa 2 Minuten abbrühen und dann abgießen. Nun wird der Rest der Brühe in die Schüssel gegossen und die Suppe so serviert.

Wirkung

Stärkt das Immunsystem, fördert die Hormonausschüttung und wirkt dem Alterungsprozess entgegen.

Tipp

Der strohfarbene Reiswein spielt in der chinesischen Küche eine wichtige Rolle. Sie erhalten ihn in den meisten Asia-Läden. Sollten Sie keinen bekommen, können Sie trockenen Sherry als Ersatz nehmen.

FÜR DEN SUPPENFREUND

Bambussprossensuppe

1 Portion enthält:
44 Kilokalorien
3 g Fett
2 g Eiweiß
2 g Kohlenhydrate
1 g Ballaststoffe

Zutaten:

150 g Bambussprossen, $1/2$ l Brühe, $1/2$ TL Salz, 1 Prise Pfeffer, 1 $1/2$ EL Reiswein, 1 gestr. TL Maisstärke, 1 kleines Bund grob gehackte Petersilie, 2 – 3 Tropfen Erdnussöl, 2 – 3 Tropfen Sesamöl

Zubereitungszeit: etwa 15 Minuten

- Bambussprossen längs halbieren, dann in dünne Scheiben schneiden. Zur Verzierung die Innenseite kammartig einschneiden.
- In einem großen Topf die Brühe zum Kochen bringen und Bambussprossen zufügen. Sobald die Brühe wieder kocht, mit Salz und Pfeffer würzen und den Reiswein dazugeben. Maisstärke in 1 EL Wasser auflösen und die Suppe damit andicken.
- Mit grob gehackter Petersilie bestreuen. Rasch das Erdnuss- und Sesamöl einrühren und die Suppe vom Herd nehmen.

FÜR DEN SUPPENFREUND

Enthält viele Mineralstoffe und Enzyme, wirkt somit harntreibend und beseitigt Schlackstoffe.

Suppe mit Schweinefleischwürfeln und Sojabohnen

1 Portion enthält:
162 Kilokalorien
12 g Fett
13 g Eiweiß
2 g Kohlenhydrate
4 g Ballaststoffe

Zutaten:

100 g Schweinefleisch, je 1 EL Lauch und Ingwer, 100 ml Sojaöl, einige Tropfen Sojasauce, $\frac{1}{2}$ TL Salz, 100 g gekochte Sojabohnen, 1 l Brühe

Zubereitungszeit: etwa 20 Minuten

- Fleisch in Würfel schneiden.
- Lauch und Ingwer in Streifen schneiden.
- Öl im Wok erhitzen, bis es zu sieden beginnt. Lauch und Ingwer etwa 30 Sekunden darin anbraten, Schweinefleischwürfel dazugeben und sautieren, bis sich die Würfel weißlich verfärben.
- Sojasauce, Salz, Sojabohnen und Brühe zugeben. Die kochende Suppe abschäumen und sofort servieren.

Wirkung
Kräftigend und verdauungsanregend. Wirkt gegen allgemeine Müdigkeit und belebt den Kreislauf.

Tipp
In der chinesischen Küche wird hauptsächlich Spelseöl, meist Pflanzenöl verwendet. Es muss stark erhitzbar sein, um das Aroma und die Farbe der Nahrungsmittel zu konservieren. Gleichzeitig werden die Knusprigkeit und die Vitamine der Gemüse erhalten.

FÜR DEN SUPPENFREUND

Rettichsuppe mit Garnelen

1 Portion enthält:
204 Kilokalorien
17 g Fett
10 g Eiweiß
5 g Kohlenhydrate
2 g Ballaststoffe

Zutaten:
40 g getrocknete oder 200 g rohe Garnelen, 200 g weißer Rettich, 2 Frühlingszwiebeln, 4 EL Schweineschmalz, 1 l Fleischbrühe, 2 TL Reiswein, 2 Zweige frischer Koriander oder Schnittlauch, Salz

Zubereitungszeit: etwa 30 Minuten

- Getrocknete Garnelen waschen und in heißem Wasser 10 Minuten lang einweichen. Inzwischen Rettich schälen, der Länge nach halbieren und in dünne Scheiben schneiden.
- Frische Garnelen von Kopf, Schale und dunklem Darm befreien.
- Frühlingszwiebeln putzen und in sehr feine Scheiben schneiden.
- Wok erhitzen, 2 EL Schweineschmalz hineingeben und schmelzen lassen. Frühlingszwiebeln darin kurz anbraten. Fleischbrühe und Reiswein hinzugeben. Alles stark erhitzen.
- Rettich und die eingeweichten Garnelen dazugeben. Die Rettichsuppe etwa 5 Minuten lang bei mittlerer Hitze kochen. Inzwischen Koriander oder Schnittlauch waschen und die Blätter abzupfen bzw. klein schneiden.
- Schaum von der Suppe abschöpfen. Die Rettichsuppe mit Salz abschmecken und 2 EL Schweineschmalz untermischen. Mit Koriander oder Schnittlauch garniert servieren.

Wirkung
Anregend auf das Nervensystem, ohne aufzuregen, schmerzstillend und allgemein kräftigend.

Tipp
Falls Sie frische Garnelen für die Zubereitung der Suppe nehmen, dürfen Sie diese erst zum Schluss in die heiße Suppe geben.

FÜR DEN SUPPENFREUND

Fischfilet und Salat in Brühe

1 Portion enthält:
55 Kilokalorien
2 g Fett
6 g Eiweiß
3 g Kohlenhydrate
2 g Ballaststoffe

Zutaten:

100 g Filet von weißfleischigem Fisch,
1 TL Ingwersaft, Reiswein, Salz, 1 TL Maisstärke, 1 Kopfsalat, kleines Stück Ingwer,
1 TL Erdnussöl, 1 TL Sojasauce,
1 $\frac{1}{2}$ l erhitzte Brühe oder Wasser,
Prise Pfeffer, einige Tropfen Sesamöl

Zubereitungszeit: etwa 25 Minuten

■ Fischfilet schräg in dünne Scheiben schneiden. Ingwersaft, 1 TL Reiswein, eine Prise Salz und die Maisstärke darüber geben. Gründlich durchmischen, sodass der Fisch gleichmäßig von der Marinade überzogen wird.

■ Vom Kopfsalat die Blätter lösen und gründlich waschen. Ingwer in dünne Scheiben schneiden.

■ 1 TL Erdnussöl im Wok erhitzen, darin Ingwer unter Rühren anbraten und mit Sojasauce beträufeln. Weiterbraten, bis sich das Aroma voll entfaltet. Heiße Brühe oder Wasser aufgießen und mit Salz abschmecken.

■ Hitze herunterschalten, Fischscheibchen portionsweise einlegen. Wenn die Suppe aufkocht, mit Salz, Pfeffer, ein paar Tropfen Reiswein und Sesamöl würzen. Salatblätter zufügen und den Herd abschalten.

Wirkung

Erwärmt bei kaltem Wetter, wirkt anregend und steigert das allgemeine Wohlbefinden.

Tipp

Festes weißes Fleisch haben z. B. Heilbutt, Kabeljau oder Karpfen, die sich sehr gut für dieses Gericht eignen.

Fischbällchen in Brühe

Zutaten:
200 g Schwertfisch oder anderer weißfleischiger Fisch, Salz, Pfeffer, 200 g roher weißfleischiger Fisch (fein zerpflückt), Reiswein, ein paar Blätter Chrysanthemen, 1 Stange Sellerie, $1\,^1/_2$ l Brühe

Zubereitungszeit: etwa 25 Minuten

■ Schwertfisch mit der Breitseite des Küchenbeils leicht flach stoßen, in 1 × 2 cm große Rechtecke schneiden, die 1 cm dick sind. Leicht salzen und pfeffern.

■ Falls der zerpflückte Fisch recht trocken ist, mit ein wenig Reiswein und Wasser befeuchten. Mit dem Schwertfisch in eine Schüssel legen, zugedeckt etwa 6 Stunden in den Kühlschrank stellen.

■ Chrysanthemenblätter mit der Hand in kleine Stücke zupfen.

■ Vom Sellerie die Fäden abziehen, dann in dünne Scheiben schneiden.

■ Den zerpflückten Fisch zu kleinen Bällchen formen. Brühe in einen großen Topf oder eine feuerfeste Kasserolle gießen, mit 2 TL Salz würzen und aufkochen lassen. Fischbällchen und Schwertfischscheiben zugeben.

■ Wenn der Fisch an die Oberfläche steigt, Sellerie und Chrysanthemenblätter zufügen. Kurz köcheln lassen. Mit 1 EL Reiswein und Pfeffer abschmecken.

Wirkung

Kräftigt die Muskulatur, fördert die sexuelle Bereitschaft, wirkt gegen Müdigkeit und belebt den Kreislauf.

Tipp

Bei den Chrysanthemenblättern handelt es sich nicht um die übliche Gartensorte, sondern um chinesische Frühlingschrysanthemen.

FÜR DEN SUPPENFREUND

Bezugsquellen

Spezialisierte Importeure und
Versandhäuser hochwertiger
China-Tees

Deutschland:
Armitron Handels-GmbH &
Co. KG
Exklusive Importe aus China
Postfach 1222
D-82324 Tutzing
Tel.: (+49)0 81 58/60 14
Fax: (+49)0 81 58/62 37
E-Mail: info@armitron.de
Internet: http://www.armitron.de

Österreich:
Heissenberger Tee und Kaffee
Vertriebsgesellschaft mbH
Hauptplatz 6
A-8010 Graz
Tel.: (+43)03 16/82 26 55
Fax: (+43)03 16/82 26 55 17
E-Mail: heissenberger@magnet.at
Internet: e-coffeetea.com

Schweiz:
ECI GmbH
Exclusive China Importe
Hauptstraße 11
CH-4132 Muttenz 1
Tel.: (+41)061/461 97 97
Fax: (+41)061/461 97 95

Spanien:
Teatime
Especialidades Internacionales
de Te
C.C. Botanico
Local 85
E-35100 San Fernando-
Maspalomas
Tel./Fax: (+34)9 28/76 72 72

ADRESSEN

Verzeichnis der Rezepte

B

Backhuhntopf 56
Bambussprossen mit Spinat
    und Pilzen 70
Bambussprossensuppe 88
Bohnen, grüne, mit Pilzen 71
Bohnensprossen,
    gebratene 72

E

Eierblumensuppe 39

F

Fischbällchen in Brühe 92
Fischfilet und Salat in Brühe 91
Fisch, gebratener, mit Erd-
    nüssen 52
Fisch, gedämpfter, nach Kanton-
    Art 49
Fisch mit Paprika 32
Fisch mit Pilzen und Bambus-
    sprossen 53

G

Geflügellebersuppe,
    scharfe 35
Gemüse, gebratenes, auf
    chinesische Art 76
Gemüse, gemischtes 72
Gemüsesuppe mit Lilien-
    knospen 86
Gurken, gebratene, mit
    getrockneten Krabben 79
Gurkensuppe mit Hühner-
    fleisch 84

H

Hähnchen mit Sauce nach
    Chengdu-Art 36
Hähnchen, gedämpftes, mit
    Frühlingszwiebeln 30
Huhn mit Cashewkernen nach
    Sichuan-Art 57
Huhn mit Wasserkastanien 60
Huhn, geräuchertes, nach
    Sichuan-Art 38
Hühnerbrustbrühe 82
Hühnerfleisch mit Ingwer 58

K

Kohl, pikanter 78
Krabben, gebratene, mit grünen
    Bohnenkernen 46

M

Makrele in süß-saurer Sauce 50
Meeressuppe 33
Melonensuppe 31

P

Pilzsuppe 85
Puh-Erh-Tee-Eier,
    marmorierte 42

R

Rettichsuppe mit Garnelen 90
Rindfleisch mit Ingwer und
    Paprika nach Sichuan-Art 66
Rindfleisch mit süß-saurer
    Sauce 42
Rindfleisch mit Zwiebeln 67

Rindfleischbrühe 83
Rührei mit Pilzen 34

S
Schweinefleisch mit Paprika
   und Bohnen 62
Schweinefleisch süß-sauer 64
Schweinefleischklöße,
   geschmorte 62
Schweinefleischwürfel, gebratene,
   mit Erdnüssen 61
Schweinerippchen, gedämpftes,
   mit schwarzer Bohnen-
   sauce 40
Silbermorchelbrühe 87

Spitzkohl, gebratener 74
Suppe mit Schweinefleisch-
   würfeln und Sojabohnen 89
Suppe, scharf-saure 37

T
Tintenfisch mit Lauch 47
Tintenfisch mit Seetang 48
Tofu mit Gemüse 75

Z
Zuckererbsen mit schwarzer
   Bohnenpaste 77
Zuckermaissuppe 40

VERZEICHNIS DER REZEPTE

Der Autor

Prof. Dr. Li Yongkang entstammt einer der ältesten Ärztedynastien in China. Er hat einen Lehrstuhl an der Universität Wuhan und gilt weltweit als einer der bedeutendsten Vertreter für Traditionelle Chinesische Medizin. Im Midena Verlag erschien von ihm der Erfolgstitel »Heilen mit Chinatees«.

Wichtiger Hinweis

Die im Buch veröffentlichten Ratschläge und Rezepte wurden mit größter Sorgfalt von Verfasser und Verlag erarbeitet und geprüft. Eine Garantie kann jedoch nicht übernommen werden. Ebenso ist eine Haftung des Verfassers bzw. des Verlages und seiner Beauftragten für Personen-, Sach- oder Vermögensschäden ausgeschlossen.

Bildnachweis

Umschlagfoto: Ulla Mayer-Raichle, Kempten
Food-Fotos: Gerhard Poggenpohl, Sigmarszell
Grafik S. 10: Jürgen Klitzner

Impressum

Die Deutsche Bibliothek – CIP-Einheitsaufnahme
Ein Titeldatensatz für diese Publikation ist bei Der Deutschen Bibliothek erhältlich.

Midena Verlag, München
© 2000 Weltbild Ratgeber Verlage GmbH & Co. KG

Projektleitung: Carina Janßen
Redaktion: Michaela Mohr, Augsburg; Stephan Kraft, Augsburg
Herstellung: Gabriele Schnitzlein
Umschlagkonzeption: Kontrapunkt, Kopenhagen
Innenlayout: Peter Engel, Grünwald
Satz: satz-studio gmbh, Bäumenheim
Reproduktion: Mayr Reprotechnik GmbH, Donauwörth

Printed in Germany

ISBN 3-310-00678-6